JUVENTUDE
E CONTRACULTURA

COLEÇÃO HISTÓRIA NA UNIVERSIDADE – TEMAS FUNDAMENTAIS

COORDENAÇÃO JAIME PINSKY E CARLA BASSANEZI PINSKY

IMPERIALISMO • João Fábio Bertonha
INDEPENDÊNCIA DO BRASIL • João Paulo Pimenta
JUVENTUDE E CONTRACULTURA • Marcos Napolitano
PRÉ-HISTÓRIA DO BRASIL • Pedro Paulo Funari e Francisco Silva Noelli
REVOLUÇÃO FRANCESA • Daniel Gomes de Carvalho
ROTA DA SEDA • Otávio Luiz Pinto
SEGUNDA GUERRA MUNDIAL • Francisco Cesar Ferraz

Conselho da Coleção

Marcos Napolitano
Maria Ligia Prado
Pedro Paulo Funari

Proibida a reprodução total ou parcial em qualquer mídia
sem a autorização escrita da editora.
Os infratores estão sujeitos às penas da lei.

A Editora não é responsável pelo conteúdo deste livro.
O Autor conhece os fatos narrados, pelos quais é responsável,
assim como se responsabiliza pelos juízos emitidos.

Consulte nosso catálogo completo e últimos lançamentos em **www.editoracontexto.com.br**.

Marcos Napolitano

JUVENTUDE E CONTRACULTURA

HISTÓRIA NA UNIVERSIDADE –
TEMAS FUNDAMENTAIS

editoracontexto

Copyright © 2023 do Autor

Todos os direitos desta edição reservados à
Editora Contexto (Editora Pinsky Ltda.)

Foto de capa
Eric Koch / Anefo, 13 abr. 1968

Montagem de capa e diagramação
Gustavo S. Vilas Boas

Coordenação de textos
Carla Bassanezi Pinsky

Preparação de textos
Lilian Aquino

Revisão
Fernanda Guerriero Antunes

Dados Internacionais de Catalogação na Publicação (CIP)

Napolitano, Marcos
Juventude e Contracultura / Marcos Napolitano. –
São Paulo : Contexto, 2023.
176 p. : il. (Coleção História na Universidade :
Temas Fundamentais)

Bibliografia
ISBN 978-65-5541-271-0

1. Contracultura 2. Juventude 3. História
I. Título II. Série

23-2270 CDD 306.1

Angélica Ilacqua – Bibliotecária – CRB-8/7057

Índice para catálogo sistemático:
1. Contracultura

2023

EDITORA CONTEXTO
Diretor editorial: *Jaime Pinsky*

Rua Dr. José Elias, 520 – Alto da Lapa
05083-030 – São Paulo – SP
PABX: (11) 3832 5838
contato@editoracontexto.com.br
www.editoracontexto.com.br

Sumário

Por que estudar os movimentos juvenis e de Contracultura

Por que a ideia de juventude dos anos 1950 e 1960 ainda é discutida em livros, memórias, filmes e salas de aula, passadas tantas décadas da explosão dos movimentos que lhe deram origem? Por que em pleno século XXI devemos prestar atenção na juventude daquele passado e em seus movimentos culturais?

A resposta a essas perguntas passa pela constatação, praticamente consensual para todos os historiadores, de que entre as décadas de 1950 e 1970 surgiram um novo tipo de jovem e uma nova ideia de juventude que influenciaram comportamentos, movimentos e atitudes posteriores. Aconteceram mudanças na forma de se vestir, de ouvir música, de protestar, de se reunir, de namorar, de produzir arte. O significado de "ser jovem" foi redefinido. Hoje, a imagem do jovem contestador, identificado com uma "tribo", em busca de uma expressão própria diante do "mundo adulto" parece natural, mas, na verdade, sua origem histórica remonta àquelas décadas do século XX. Conhecer o momento de explosão e afirmação de uma nova ideia de juventude ajuda a compreender comportamentos, angústias, interesses e culturas juvenis da atualidade.

Além disso, esses movimentos, muitas vezes politicamente radicais (agressivos ou até extremistas) e contrários aos valores vigentes, foram fundamentais para lançar pautas políticas e culturais inovadoras e cada vez mais importantes para políticas públicas ligadas à questão ecológica, aos direitos das mulheres e das minorias raciais, à diversidade de gênero e de orientações sexuais. Vários deles ainda propuseram e inspiraram novos ideais de vida comunitária e alternativa. Naquelas três décadas – com movimentos, lutas e interesses voltados para um novo futuro, a ser construído – a história parece ter se acelerado.

No famoso e cultuado filme *De volta para o futuro* (Robert Zemeckis, 1985), há uma sequência que ilustra essa "aceleração da história" tendo como protagonista a juventude. No enredo, o personagem Marty McFly volta no tempo, para o ano de 1955. Esse típico jovem estadunidense dos anos 1980 encontra, nos anos 1950, uma juventude bem diferente, incluindo seus futuros pais, que, na época, ainda nem namoravam. A tarefa de McFly é garantir que seus pais comecem a namorar em um baile escolar para que ele e seus irmãos pudessem existir. Ao subir ao palco, McFly interpreta "Johnny B. Goode", clássico rock 'n' roll de Chuck Berry, mas que obviamente ninguém ali conhecia, pois seria lançado em disco apenas em 1958, 3 anos depois do momento em que o filme se ambienta. A princípio, o público jovem se empolga com o novo ritmo que então se afirmava na cena musical: na pista, os casais dançam animados, fazendo acrobacias e executando o passo *jive*, típico do rock 'n' roll. Entretanto, o jovem vindo do futuro logo se empolga e, na hora do solo, resolve amplificar sua guitarra ao máximo. Animado, McFly passa a imitar a performance de vários *guitar heroes* que se consagrariam posteriormente: o próprio Chuck Berry e seu "passo do pato", Pete Townshend e seu movimento típico de braço, o *windmill* ("moinho de vento"), Hendrix e suas acrobacias posicionando a guitarra atrás da cabeça e tocando de costas, Angus Young e seus rodopios deitado no chão, simulando uma espécie de convulsão. Ao abrir os olhos, McFly volta do seu frenesi e vê o público parado, perplexo com seu comportamento aparentemente tresloucado. Tentando se explicar, ele diz: "*Acho que vocês ainda não estão prontos para isso. Mas seus filhos vão adorar*".

Essa frase que encerra a sequência é um bom exemplo de quanto o tempo histórico se acelerou a partir de meados dos anos 1950, momento crucial na história do Ocidente, revolucionando o conceito de juventude, que ganhou novos significados culturais, políticos e comportamentais. Na verdade, alguns sintomas de uma nova representação da juventude, uma nova compreensão do que significa ser jovem, já despontavam no início da década de 1950. Indícios disso podem ser encontrados em filmes que fizeram sucesso como *O selvagem* (Laszlo Benedek, 1953), sobre motoqueiros rebeldes liderados por Marlon Brando, e *Sementes da violência* (Richard Brooks, 1955), que retrata alunos insubmissos e malcomportados, e também em livros como *O apanhador no campo de centeio*, de J. D. Salinger (1951) com o jovem existencialista e angustiado Holden Caulfield como narrador-personagem. A rebeldia e o inconformismo diante das convenções sociais desses personagens fictícios sinalizavam para uma tensão entre os valores então dominantes e as expectativas existenciais das novas gerações que cresciam nos Estados Unidos dos anos 1950 em uma sociedade afluente, marcada pelo consumismo, individualismo e puritanismo moralista, governada por um sistema político democrático que, no entanto, ocultava vários problemas sociais, raciais e culturais.

Os nascidos no pós-Guerra – chamados *baby boomers* – ainda não tinham um lugar próprio na sociedade e na vida cultural. Eram vistos como "futuros adultos", em fase escolar, sem uma identidade particular. Ainda não havia uma moda específica voltada para eles, tampouco um tipo de música "tipicamente jovem". Contudo, nos anos 1950, pela primeira vez, o bem-estar material propiciava aos filhos da classe média norte-americana um tempo social intermediário entre a infância e a maturidade, no qual eles só precisavam estudar, pois tinham sua sobrevivência assegurada e não era mais necessário que trabalhassem para colaborar com o orçamento familiar. A combinação de tempo livre, estudo e dinheiro na mão é indissociável de toda indústria cultural que se organizaria em torno da juventude, sobretudo de classe média, a partir de então. Para essa indústria, foi muito importante perceber que o crescimento econômico do pós-Guerra disponibilizou aos jovens, no conjunto, alguns bilhões de dólares para despender com música, moda, carros e passeios com amigos. Estudiosos do assunto apontam que a contestação de valores moralistas e o surgimento de uma nova cultura juvenil tiveram sua "hora zero" em 1956, com a explosão do rock 'n' roll e o sucesso do cantor Elvis Presley.

Na historiografia, é recorrente a narrativa que começa no rock 'n' roll, como expressão de uma rebeldia adolescente e, de certo modo, inconsequente, e desemboca em uma contestação mais profunda, consciente e radical nos anos 1960 e 1970, auge histórico do que se convencionou chamar de Contracultura e seus movimentos resultantes de um novo lugar da juventude nos Estados Unidos e no mundo Ocidental.

O termo "Contracultura", conforme utilizado neste livro, refere-se a um conjunto de atitudes, comportamentos, sociabilidades, produções culturais e movimentos de contestação política criados e vividos pela juventude dos anos 1960 e 1970. Manifestada na Contracultura, a perspectiva crítica se voltou contra os padrões estéticos, comportamentais e políticos vigentes, herdados da tradição, do passado e dos modos de vida impostos pela burguesia e pelas classes médias estadunidenses e europeias entre meados do século XIX e meados do século XX. Foram então contestados e denunciados como opressivos e excludentes padrões normativos que se traduziam em famílias patriarcais, submissão das mulheres, hierarquias etárias, de classe e de "raça" (com o predomínio da chamada "cultura branca"), consumismo e individualismo exacerbado.

A Contracultura serviu de base na luta contra quatro opressões que marcavam as sociedades até meados do século XX: a opressão do corpo e do comportamento desviante; a opressão política sobre sociedades inteiras (imperialismo, neofascismo, conservadorismo); a opressão econômica (desigualdades nos países mais ricos do "Primeiro Mundo" e miséria nos países do chamado "Terceiro Mundo" subdesenvolvido); a opressão cultural caracterizada pelo convencionalismo estético que ditava o que era o "belo" e o "feio" na cultura e nas artes. O combate se expressou em formas de rebeldia individual e coletiva, anticonvencionalismo estético e comportamental, antiautoritarismo e busca da igualdade social. O que antes era considerado parte da esfera "pessoal" e "privada", ou era naturalizado pelos comportamentos padronizados – o corpo biológico individual, o prazer sexual, as identidades de gênero, a aparência, a linguagem –, passou a ser considerado um tema "político" que deveria ser debatido no espaço público. "O pessoal é político" tornou-se um *slogan* e uma palavra de ordem.

Podemos dividir a história da Contracultura e da contestação juvenil em fases mais ou menos delimitadas cronologicamente. Entre 1955 e 1962, a fase inicial, formativa, foi marcada especialmente pela rebeldia comportamental. De 1962 até fins dos anos 1970, a Contracultura viveu seu auge, nos Estados Unidos e na Europa, sobretudo, adotando formas de rebeldia, de sociabilidade e expressão cultural mais autoconscientes e radicais. Foi quando jovens formaram comunidades alternativas, assumiram novas formas de vestir e de se comportar em público, criaram expressões artísticas inovadoras, sobretudo na música popular, sempre pautados pela contestação provocativa e consciente aos valores "do passado" e do "mundo adulto". Entre os anos 1980 e 1990, a Contracultura histórica se disseminou por várias regiões do mundo e por estratos sociais e grupos para além das classes médias brancas dos países centrais do mundo capitalista que lhe deram origem. Finalmente, no século XXI, podemos falar em "ecos da Contracultura" para descrever a fase de consolidação das lutas por direitos civis e igualdade de gênero, multiculturalismo como política pública e liberdade de manifestar a diversidade sexual, expressas por dezenas de "tribos culturais" que caracterizam a juventude global. É também no século XXI que este legado da Contracultura sofre uma oposição sistemática de setores conservadores, seja no mundo Ocidental, seja em países não Ocidentais, inspirada, sobretudo, por valores religiosos ou culturais que veem na Contracultura uma expressão de degradação das tradições, da família e da moralidade religiosa, considerando-a responsável por vícios, promiscuidade e criminalidade generalizados.

Em termos geográficos, a Contracultura se originou nos Estados Unidos, logo chegou à Europa e à América Latina, para depois se espalhar por todos os continentes. Desde o seu início, os gêneros musicais e movimentos político-culturais identificados com a Contracultura fazem parte da chamada "diáspora africana" nas Américas, decorrente da escravidão generalizada a partir do século XVII que criou sociedades mestiças ou com forte presença negra. Em outras palavras, não podemos falar da história do rock 'n' roll, por exemplo, sem conhecer a música negra, o rhythm'n blues, que está em sua base rítmica, harmônica e melódica. Não podemos falar em cultura *beat*, sem entender o jazz. Não podemos falar em contestação jovem, sem passar pela história da luta por direitos civis nos Estados Unidos, que combateu o racismo a partir dos anos 1950. Tampouco podemos restringir a Contracultura à juventude branca de classe média dos Estados Unidos e da Europa. A Contracultura teve muitas faces, cores e etnias.

Este livro apresenta as linhas gerais de uma Contracultura global, plural e contraditória, na qual rebeldia e consumo interagiram para criar um mundo novo, baseado em uma utopia radical de liberdade política e existencial que não esteve livre de desilusões, fracassos e imposturas. Mas que também nos legou muitas conquistas e novas perspectivas para a vida em sociedade.

Os jovens, de ontem e de hoje, são os principais personagens dessa história.

Rebeldia juvenil e a gênese da Contracultura nos anos 1950

Atitudes e movimentos de contestação da ordem política e dos valores culturais vigentes não foram inventados na segunda metade do século XX. Mas, sem dúvida, após a Segunda Guerra Mundial, ganharam novos sentidos e amplitudes. Foi quando a velha vontade de contestar encontrou uma nova linguagem de expressão, cujos sujeitos principais eram os jovens.

Obviamente, ao longo da história sempre existiram jovens. Ou seja, sempre existiram indivíduos que já não eram mais crianças, mas ainda não eram maduros. Entretanto, na década de 1950 surgiu um novo sentido para essa fase da vida humana denominada "juventude". A partir de então, o significado da palavra "juventude" não comporta apenas uma classificação etária, mas uma categoria sociocultural, ou seja, juventude passa a ser uma palavra portadora de um significado específico construído socialmente: o que antes era visto como uma fase de transição um tanto indefinida, adquiriu uma expressão comportamental e cultural própria, e que mudaria com o tempo.

No século XIX, com a ampliação das sociedades urbanas e industriais, sob a hegemonia da burguesia, uma nova ideia de juventude começara a se esboçar entre as elites letradas, frequentemente relacionada a angústias e expectativas diante do futuro, atribuindo aos jovens a obrigação moral de elaborar um novo mundo, melhor do que aquele que herdaram. O Movimento Romântico do século XIX, que extrapolou o campo literário e tornou-se uma visão de mundo generalizada, galvanizou este novo sentimento com relação à juventude, mas ainda restrito a poucos grupos sociais, sobretudo da burguesia e da aristocracia. Para a maioria dos indivíduos jovens da classe operária e camponeses, não havia a possibilidade de viver um período de reflexão sobre si e ócio social, pois o trabalho precoce e a sobrevivência se impunham sobre suas vidas.

Entretanto, após a Segunda Guerra Mundial, a combinação de fatores demográficos, sociológicos e culturais daria maior visibilidade social para o "ser jovem", ao propiciar novas formas de autonomia e protagonismo a esse grupo etário.

A grande mortandade da Segunda Guerra Mundial havia afetado uma geração inteira, matando milhões de jovens nos campos de batalha e impondo uma experiência traumática aos que sobreviveram. O *baby boom* – a explosão de nascimentos ocorrida depois do fim do conflito – reforçou na nova geração de jovens entre os anos 1950 e 1960 a sensação do "vão geracional" (*generation gap*), ou seja, de ruptura sociocultural com a geração anterior. O rápido crescimento econômico, principalmente nos Estados Unidos, permitiu à geração nascida no pós-Guerra usufruir certos confortos impensáveis no tempo de seus pais e avós, como a ampliação das oportunidades de acesso à escola e dedicação exclusiva ao estudo, além de maior poder aquisitivo para consumo de cultura (livros, discos, teatro, cinema, exposições, espetáculos...). Mesmo entre a juventude europeia, principalmente na sisuda Inglaterra, mais afetada pelas difíceis condições econômicas do pós-Guerra, surgiu uma juventude desconfiada do Velho Mundo e seus valores que haviam conduzido à catástrofe global. Por sua vez, a mídia e a sociedade em geral começaram a prestar mais atenção aos comportamentos contestatórios considerados "típicos da juventude", ajudando a consolidar a figura do "jovem rebelde".

Esse cenário social e histórico ganhou sentido e forma a partir de matrizes culturais que surgiram entre os anos 1940 e 1950, quando então a rebeldia juvenil passou a ser expressa não apenas em atitudes, mas também em roupas, cabelos, palavras (como o uso de gírias e expressões informais), textos e canções. Para estar de acordo com os novos tempos, além de se sentir rebelde, era preciso se mostrar rebelde.

A origem da Contracultura se localiza justamente no surgimento da juventude rebelde e inconformista nos anos 1950, ainda que os alvos dessa rebeldia fossem então um tanto difusos. Podemos acrescentar que a Contracultura, cujo auge se daria nas décadas seguintes, foi o resultado de novas perspectivas e atitudes sintetizadas em três matrizes culturais: a rebeldia juvenil nos Estados Unidos, o existencialismo (corrente filosófica europeia) e as transgressões comportamentais e estéticas da chamada "geração *beat*". No início, essas matrizes culturais eram independentes, mas confluiriam na segunda metade da década de 1950, ajudando a consolidar um novo conceito de contestação e rebeldia, mais profundo e com alvos específicos claramente identificados.

Ainda nos anos 1950, a figura do "jovem rebelde", mistura de contestação e angústia existencial, foi rapidamente popularizada pelo cinema e pela música popular nos Estados Unidos, e se espalhou por outras sociedades influenciadas pelo *American Way of Life*. Mesmo na Velha Europa eram perceptíveis uma nova ideia e expressão da juventude. Em ambos os lados do Atlântico, o "jovem rebelde" era frequentemente oriundo dos subúrbios, das famílias de classe média baixa ou operárias. Mas logo os *playboys* mais abastados incorporaram a estética adotada por eles, assim como vários de seus comportamentos. No campo cultural, "ser jovem" passou a ser identificado com uma determinada estética corporal – no cabelo, no vestuário, nos gestos – que procurava comunicar a rejeição a padrões culturais normativos do "bom-comportamento" da vida familiar burguesa: cabelos mais compridos, posturas corporais agressivas, sensuais e exibicionistas (vistas como "falta de educação" pela moral tradicional), roupas despojadas (como jaquetas de couro e jeans, considerados à época fora dos padrões de elegância masculina). Além disso, o novo sentido de juventude que se desenhava estava cada vez mais identificado com a busca do prazer sem compromisso, de agitação corporal constante, de aventuras boêmias, de experiências sociais fora da família que muitas vezes desembocariam na participação em "gangues juvenis". No caso dos Estados Unidos, o culto aos carros e às motocicletas, símbolos de velocidade e liberdade de movimento, ficou intimamente associado ao novo tipo de jovem que se desenhava.

Para nomear esta nova atitude na busca de velocidade, aventuras e prazer, sem medir consequências e sem compromisso com as regras do mundo adulto, surgiu a expressão "rebelde sem causa". Originalmente, tratava-se do título de um dos filmes mais influentes da época, lançado em 1955, estrelado pelo ator James Dean, dirigido por Nicholas Ray, e que no Brasil se chamou *Juventude transviada*. O personagem Jim Stark, interpretado por Dean, encarnava o jovem inquieto, problemático, em busca de novos horizontes e experiências que ele mesmo tinha dificuldade de definir. O ator James Dean, aliás, se confundiu de tal modo com o personagem que imortalizou a *persona* do jovem rebelde e angustiado ao morrer em um acidente automobilístico aos 24 anos de idade. Seu penteado, sua jaqueta de couro e a calça jeans que costumava usar se tornaram parte da nova estética juvenil.

Divulgação, 1955

Com seu figurino despojado e expressão séria, o ator James Dean encarnou a figura do jovem rebelde e angustiado.

Ainda faltava a trilha sonora.

Outro filme, *Sementes da violência* (Richard Brooks, 1955), também lançado em 1955, apresentou como tema musical de abertura a canção “Rock around the clock”, associando o novo gênero, o rock ’n’ roll, à rebeldia juvenil. Entretanto, seus intérpretes, The Comets, a começar pelo seu líder, Bill Haley, não exalavam propriamente o ar rebelde, nem tinham a fotogenia dos *teenagers*. Estavam muito mais para uma banda de música country formada por quarentões. Foi a consagração do cantor Elvis Presley, em 1956, que levou a figura do rebelde do cinema para o campo musical.

A figura de James Dean como protótipo da nova juventude rebelde, mesmo não havendo nenhuma faixa de rock 'n' roll no filme *Juventude transviada*, se encarnou e se amplificou no rebolado exibido por Elvis, apelidado justamente "The Pelvis", aumentando a carga de erotismo que também passava a caracterizar a nova identidade jovem. Em entrevista, ainda no começo da carreira, Elvis assumiu que seus inspiradores eram Marlon Brando e James Dean, e suas fisionomias ameaçadoras, agressivas, chegando a afirmar que era isso que atraía as garotas. Na ocasião, ele declarou: "Você não pode ser rebelde e *sexy* se você sorrir".

Metro-Goldwyn-Mayer, Inc., 1957 (Library of Congress)

O surgimento de Elvis Presley, com sua dança sensual, consolidou o rock 'n' roll como a música da nova juventude surgida nos anos 1950.

A mistura de apelo sexual, agressividade performática e mau humor foi logo interpretada pela imprensa como expressão do mal-estar da juventude dos Estados Unidos contra a "América" conservadora, puritana, individualista e utilitarista, regrada pela máxima "*Time is money*" ("tempo é dinheiro"). No lugar desses valores, a nova juventude exalava transgressão comportamental, preferia a sociabilidade agregadora da gangue, cultuava o ócio e o hedonismo.

Sociólogos, psicólogos, educadores, políticos passaram a discutir esse novo fenômeno sociocultural. O debate sobre a questão da "juventude transviada" foi intenso, não apenas nos Estados Unidos, mas também na Europa, e mesmo no Brasil.

A canção "Gee, Officer Krupke", que fez parte do musical *West Side Story* (Stephen Sondheim e Leonard Bernstein, 1957), faz uma paródia desse debate. Na peça, a rivalidade de duas gangues juvenis, formada por porto-riquenhos de um lado e americanos brancos de outro, é desafiada pelo amor de dois jovens, numa versão moderna de *Romeu e Julieta*. Nessa canção, aparecem as "explicações" para a "rebeldia sem causa" conforme as opiniões então correntes de policiais, juízes, psicólogos, assistentes sociais. Ela ironicamente termina com um sonoro "Vá se ferrar" dirigido ao oficial Krupke, o policial que, na peça, combatia as gangues (*krup you*, aliteração que sugere a expressão *fuck you*), cantado em coro pelos jovens rebeldes (tradução nossa):

[...] (Coro) Não somos bons, não somos bons! [...]	ALL We're no good, we're no good!
(O Juiz) O problema é que ele é louco	DIESEL (As Judge) The trouble is he's crazy
(O psiquiatra) O problema é que ele bebe	A-RAB (As Psychiatrist) The trouble is he drinks
(A assistente social) O problema é que ele é preguiçoso	BABY JOHN (As Female Social Worker) The trouble is he's lazy
(Juiz) O problema é que ele fede	DIESEL The trouble is he stinks
(Psiquiatra) O problema é que ele está crescendo	BABY JOHN The trouble is he's grown

(Coro)	ALL
Krupke, temos nossos próprios problemas!	Krupke, we got troubles of our own!
Puxa, oficial Krupke	Gee, Officer Krupke
Estamos de joelhos	We're down on our knees
Porque ninguém quer uma pessoa com uma doença social	'Cause no one wants a fellow with a social disease
Puxa, oficial Krupke	Gee, Officer Krupke
O que devemos fazer?	What are we to do?
Puxa, oficial Krupke	Gee, Officer Krupke
Krup you! [trocadilho para "Vá se ferrar"]	Krup you!

Para os pais e para as autoridades públicas, sobretudo aqueles setores mais conservadores, havia riscos e excessos neste comportamento juvenil que poderiam comprometer o futuro da sociedade e os valores familiares e cristãos que pautavam a América "branca, anglo-saxã e protestante" (traduzida pela sigla WASP – *White, Anglo-Saxon and Protestant* –, em inglês). Para outras correntes, mais liberais, essa rebeldia era performática, apenas um sinal inofensivo e transitório da passagem do tempo e do efeito dos hormônios sobre os adolescentes e jovens, e o conflito provocado por ela não passava de um breve "choque de gerações". Já no âmbito da indústria cultural, os hábitos de consumo da nova juventude representavam a oportunidade de bons negócios, na venda de roupas, músicas e filmes especificamente voltados para essa faixa etária. Afinal, depois de décadas de crises, desemprego, guerras, a juventude ocidental tinha algum dinheiro para gastar e o *American Way of Life*, baseado no bem-estar individual e privado, no conforto e na expectativa de ascensão social sob o signo da democracia, podia absorver as diatribes da juventude sem grandes abalos. Afinal, tudo na América começava e terminava no dólar.

Mas haveria outras consequências, mais profundas, desse novo consumo cultural. Os artistas negros, que, tradicionalmente, não atingiam o público branco, começaram a se tornar conhecidos nacionalmente; Little Richard e Chuck Berry ganharam grande popularidade entre 1955 e 1956, com "Tutti frutti" e "Roll over Beethoven", que se tornariam clássicos do rock 'n' roll. Na verdade, o que se nomeou como rock 'n' roll, e que seria a trilha sonora fundacional da Contracultura, era uma adaptação do rhythm'n blues (R&B) afro-americano, um tipo de música dançante e eletrificada que existia desde o final da década de 1940, era criada e consumida nos guetos urbanos negros, sobretudo nas grandes cidades do norte dos Estados Unidos. Canções desse gênero, como "Caldonia", de Louis Jordan, lançada em 1945, são muito parecidas com as canções de rock 'n' roll que passariam a ser entoadas por artistas brancos da década seguinte. A própria guitarra elétrica já tinha sido introduzida por artistas negros nos anos 1940. Portanto, em 1951, quando Alan Freed, um *disc-jockey* da cidade de Cleveland, inventou a palavra *rock 'n' roll* para se referir, sobretudo, à forte carga erótica das letras e do ritmo febril de R&B, estava, involuntariamente, criando um novo nome para um gênero antigo. Mas o DJ não foi um mero "oportunista usurpador da música afro-americana". Freed foi um dos primeiros a contestar a separação racial que havia nos espetáculos musicais, promovendo shows que misturavam no palco e no público pessoas brancas e negras chamados *Rock 'n' roll Jamboree*. Eram eventos malvistos pela sociedade tradicional, feitos à margem do "grande circuito". Por vezes, o público jovem acabava exteriorizando a energia até então reprimida por padrões comportamentais restritos e pelo racismo dominante em brigas e atos de destruição dos locais onde ocorriam esses shows, justificando forte repressão policial à iniciativa. De todo modo, uma das marcas da Contracultura – a crítica à segregação racial nos Estados Unidos – já estava presente nessa época. As bases tradicionais da sociedade WASP começavam a ser questionadas.

Pickwick Records, c. 1958

Apesar do racismo dominante nos anos 1950, Chuck Berry fez a ponte do rhythm'n blues negro com a cena do rock 'n' roll branco, influenciando toda uma geração de guitarristas e compositores.

A BUSCA DE UM NOVO SENTIDO PARA A EXISTÊNCIA EM SOCIEDADE: *BEATNIKS* NA EUROPA E NOS EUA

O "rebelde sem causa" imortalizado pelos filmes norte-americanos não foi a única vertente de contestação e crítica aos valores dominantes. Apesar da vitória sobre a barbárie nazifascista na Segunda Guerra Mundial, os efeitos do conflito sobre a cultura não tinham sido superados. A matança sem precedentes tinha levantado dúvidas sobre o sentido da vida individual e coletiva e o imperativo moral de lutar pela liberdade em meio à violência e à opressão dos sistemas políticos estimulava um novo pensamento crítico. A corrida nuclear entre as novas potências que dividiam o mundo entre os blocos capitalista e socialista – Estados Unidos e União Soviética – fazia crescer o medo de uma futura guerra cujo resultado seria a virtual extinção da espécie humana. Esse "mal-estar" contemporâneo, portanto, tinha sólidas bases históricas. Para alguns jovens mais intelectualizados da Europa e dos Estados Unidos, a rebeldia tinha, sim, causa: a afirmação da liberdade existencial e o compromisso de denunciar todas as opressões, sobre o corpo e sobre a mente.

O existencialismo de Jean-Paul Sartre e Simone de Beauvoir foi uma corrente filosófica surgida no contexto do pós-Guerra europeu, a partir de uma releitura sobre a situação do indivíduo no mundo. Sartre defendia uma ideia radical sobre a condição do Ser (entendido como uma entidade filosófica que norteia a consciência humana) no Tempo. Para ele, a humanidade vem do Nada e vai para o Nada, não havendo valores pregressos ou sentidos pré-definidos a conduzi-la. Esse princípio básico serviria como base para a defesa de uma liberdade radical norteada por fundamentos éticos livres de quaisquer constrangimentos exteriores como a moral, a natureza, a religião ou mesmo a política dominante. Caberia, portanto, aos indivíduos livres a expressão de sua Existência, processo indissociável de sua ação no mundo. Em resumo, o único compromisso existencialista era com a liberdade de si e do outro, tomada como uma espécie de vocação inescapável da condição humana. Esse imperativo de liberdade absoluta não era, contudo, uma condição tranquila do Ser. Ele era um fator de angústia e impunha uma responsabilidade diante de si e dos outros indivíduos. Assim, longe da imagem recolhida e circunspecta da prática filosófica como pura reflexão, o existencialismo é uma filosofia de ação, anticonvencional, e ao mesmo tempo profundamente humanista, à medida que defende uma condição humana totalmente livre de constrangimentos e que se realiza no Mundo tal como ele é, mas que precisa ser modificado como palco da existência humana. O engajamento como prática de liberdade e o pessimismo intelectual, em princípio contrastantes, eram os principais pilares dessa nova corrente filosófica.

Os anos de guerra e o profundo impacto da violência nazifascista nos países ocupados, como a França de Sartre e Beauvoir, estão por trás do desenvolvimento dessa filosofia radical. A bela definição de Sartre sobre o que significava resistir ao nazismo traduzia essa nova perspectiva. Para o filósofo francês, "resistir" a uma opressão totalizante, como o nazismo, é "perseverar, mesmo quando não há esperança". Em outras palavras, mesmo que a máquina da opressão seja gigantesca, mesmo quando o mundo ao redor esteja desabando, mesmo quando a derrota já se faz presente, resistir é um ato de liberdade do Ser e da Humanidade, e seu oposto seria o Nada, o Não Ser.

Ao defender a "ação no mundo", a liberdade como imperativo do Ser, a necessidade de fugir da angústia inerente a esta condição humana, o existencialismo se transformou em uma das forças motrizes de uma nova rebeldia jovem que então surgia, sobretudo entre os estratos mais intelectualizados.

A bem da verdade, esse tipo de engajamento radical chegou a ser muito criticado, principalmente pelos intelectuais marxistas, que consideraram o existencialismo como idealista, obscuro e descompromissado da política efetiva. A militante comunista Cécile Angrand, professora do Liceu (Escola Secundária) fez uma dura crítica ao existencialismo, originalmente publicada na *Revista Problemas* nº 5, de dezembro de 1947, e replicada por vários jornais comunistas mundo afora, destacando a sedução que essa corrente exercia sobre os jovens:

> Os romances existencialistas que respiram o desdém da família, o horror do casamento, os costumes "livres", podem exercer uma ação dissolvente sobre a juventude. Segue-se daí que a principal clientela dos livros existencialistas na França é presentemente constituída pelos jovens colegiais que leem Sartre sob a mesa de estudos, às escondidas dos pais.

A conversão de Sartre ao marxismo, no começo dos anos 1950, não aplacou as críticas dos comunistas mais ortodoxos. Por outro lado, reforçou a imagem anti-*establishment* dos existencialistas e aumentou ainda mais a circulação do seu pensamento entre a juventude.

Com o existencialismo, a rebeldia e a vocação libertária da juventude ganharam uma roupagem filosófica. A Contracultura se alimentaria dessa visão de mundo, divulgada não apenas em enormes e complexos tratados filosóficos, mas também pela mídia, pois Sartre e Simone de Beauvoir, além do escritor Albert Camus, eram figuras populares nos meios de comunicação dos anos 1940 e 1950.

Nos Estados Unidos, um grupo de jovens inconformistas e contestadores identificados como a "geração *beat*" desenvolveu uma forma intuitiva e poética de existencialismo, ao mesmo tempo que buscou nessa filosofia inspiração para questionar os valores vigentes nos "outros" da sociedade WASP, ou seja, os deserdados do "sonho americano" de bem-estar baseado no conforto material: negros, pobres brancos do interior, povos nativos, imigrantes latinos. O termo "*beat*", conforme consagrado pelo escritor Jack Kerouac, tem significados diversos: pode caracterizar uma pessoa de expressão "abatida" e cansada, pode sugerir uma experiência sensorial de acompanhar uma determinada "batida" musical (*beat*), pode traduzir a busca por uma paz interior e por uma superioridade espiritual em relação ao mundo material (*beatific*). Não por acaso, esses três elementos pareceriam estar presentes naquele grupo de jovens que acabou consagrando um movimento literário com o mesmo nome: estavam cansados da sociedade WASP norte-americana, adoravam ouvir música, principalmente o jazz, e buscavam um conhecimento interior que lhes desse uma nova consciência do mundo. Viajar "sem destino", colocar o "pé na estrada" em busca de novas relações afetivas e sociais, era o método prático dos jovens *beats* que prezavam a liberdade acima de tudo.

Na segunda metade dos anos 1950, surgiram as grandes obras identificadas com a "geração *beat*": o poema "Uivo", de Allen Ginsberg, 1956, e os livros *On the road* (de Jack Kerouac, 1957) e *Almoço nu* (de William Burroughs, 1959). A linguagem dessas obras era direta, despojada, espontânea, coloquial, procurando expressar uma nova consciência de um mundo plural e em movimento.

Começando com o famoso verso "Eu vi as melhores cabeças da minha geração destruídas pela loucura", "Uivo" é uma sucessão de imagens e referências fragmentadas da busca por uma nova sensibilidade regada a jazz, drogas, misticismo, poesia e práticas sexuais fora dos padrões normativos. A "loucura" mencionada no poema seria o produto da América conservadora, metaforizada na figura bíblica de Moloch, deus que exige sacrifícios humanos para aumentar seu poder. O poema termina com uma espécie de denúncia da violência das instituições de controle das mentes, representadas pelas estruturas psiquiátricas acusadas à época de reprimir aqueles que pensam diferente.

> Estou com você em Rockland nos meus sonhos
> você caminha gotejando de uma viagem marinha
> pela estrada que atravessa a América em lágrimas...
> até a porta da minha casa na noite Ocidental

Outra obra icônica da geração *beat*, o romance *On the road* narra a viagem dos personagens Sal Paradise e Dean Moriarty cruzando a "América", ou seja, atravessando os EUA de "Costa a Costa" pela estrada chamada Rota 66. Moriarty é o protótipo do jovem *beat*, aberto a experiências, libertário, amante do jazz e da literatura de vanguarda. Os encontros e desencontros dos personagens se desenrolam em um fluxo narrativo impulsivo que mistura descrições de pessoas e paisagens com impressões caóticas e fragmentadas do mundo.

Almoço nu, por sua vez, narra um outro tipo de viagem, que ficaria conhecida como "*bad trip*", mergulhando nos delírios, dores e alucinações de um *junkie*, um personagem sob o efeito de drogas que, ao narrar seu caos interior, coloca em xeque o mundo supostamente organizado do *establishment* e dos valores da sociedade WASP.

Nessas obras, desenhou-se o retrato do artista jovem inconformista, libertário, experimental, cuja sociabilidade era marcada pela boemia literária das grandes cidades norte-americanas. No lugar de templos da produção e do consumo e no lugar das casas familiares organizadas com seus jardins e garagens, estava a boemia urbana, que para os *beats* era o espaço do ócio, do prazer, da subjetividade "improdutiva" de indivíduos que tinham por opção uma vida marginal e alternativa e moravam em espeluncas nas áreas desvalorizadas das cidades.

Se o jovem "transviado", "rebelde", do rock 'n' roll era agressivo, e também inconsequente e hedonista em sua busca por música e movimento, o jovem *beat* buscava aprofundar sua consciência crítica, nem que para isso ultrapassasse todos os limites dos valores sociais e de uma vida equilibrada e comedida. Nos anos 1960, com a massificação da Contracultura, ambas as personas jovens iriam confluir.

A trilha sonora dos *beatniks* não era o rock, era o jazz. E não se tratava de uma mera escolha estética, nem de qualquer jazz, mas de um jazz negro moderno: o bebop de Charlie Parker, Thelonious Monk e Dizzy Gillespie, sempre citados nos livros de Kerouac, tocado nos bares e circuitos boêmios. O frenesi dos solos instrumentais, o improviso espontâneo, as frases musicais dispersas dos jazzistas eram mimetizadas pela literatura *beat*, sem pontuação, parágrafos ou períodos organizados entre as frases, cuja sonoridade das palavras muitas vezes era mais importante do que o seu sentido. Em ambos, jazzistas e escritores *beats*, predominava uma atitude intelectualista que o crítico John Osborne chamou de "barbarismo educado", definido como expressão artística que oscilava entre a sofisticação formal baseada na erudição intelectual e a busca de uma expressão visceral e anticonvencional de formas estéticas livres e sem padrão academicista. A rigor, podemos considerar que toda a história da Contracultura, sobretudo suas expressões artísticas e formulações críticas, foi marcada por esse contraste, aliás muito presente em toda a história das vanguardas ocidentais desde o fim do século XIX.

A cena *beat* era particularmente forte em duas importantes cidades norte-americanas, Nova York e São Francisco. O bairro Greenwich Village, na primeira, e a Six Gallery (uma galeria de arte alternativa), na segunda, eram os *bunkers* dos *beatniks*, constituindo um novo tipo de espaço que confundia público e privado, onde os padrões de cultura, comportamento sexual e convívio racial não seguiam os modelos rígidos da "América WASP": famílias heteronormativas e patriarcais, moral e religiosidade cristã, linguagem cotidiana marcada pela polidez e pela formalidade, cabelos curtos e alinhados, vestimentas discretas, distância social com relação às pessoas não brancas. Não por acaso, ambas as cidades seriam fundamentais na história da Contracultura. Entre a sisuda costa leste de Nova York e a ensolarada costa oeste de São Francisco, havia a Rota 66, a *highway* que atravessava a América profunda. Em 1946, antes mesmo de a viagem *beat* imortalizar essa estrada como símbolo da vida errante e da Contracultura, uma canção de Bobby Troup, muito regravada posteriormente por diversos artistas, já dizia (tradução nossa):

Você curtiria essa viagem agradável	Would you get hip to this kindly tip
E se embalaria nessa viagem para a Califórnia	And go take that California trip
Divirta-se na Rota 66	Get your kicks on Route 66

Em uma sociedade de comportamentos e valores culturais profundamente normatizados e padronizados, ainda que sob o signo da democracia política, os *beatniks* propuseram outra forma de pensar e de viver. Embora fosse um grupo muito pequeno e de sociabilidade restrita nos anos 1950, acabaria influenciando toda uma geração de jovens a partir da década de 1960. Os *beats* transgressores e os jovens brancos *rockers* que adoravam música negra já vivenciavam, na prática, uma das mais importantes características da Contracultura: o multiculturalismo.

Multiculturalismo e o direito à diferença

Uma das características mais fortes da Contracultura é a defesa do chamado "multiculturalismo", ou seja, da mistura de vários padrões culturais e comportamentais dentro da mesma sociedade como um pilar fundamental da vida democrática. Neste caso, não se trata apenas de defender o direito a comportamentos alternativos na vida privada, mas o direito de ocupar o espaço público de uma nova forma. Para compreender melhor isso, temos que lembrar que, tanto na Europa quanto nos Estados Unidos, a derrota do totalitarismo nazifascista e a reconstrução política dos vários países afetados pelo nazismo adotaram como referência a reafirmação de identidades culturais e políticas tradicionais, baseadas nos valores cristãos, no liberalismo político, nos padrões de vida familiar burguesa e patriarcal, no nacionalismo étnico e no patriotismo. Contudo, para muitos críticos, eram justamente esses valores que tinham levado o mundo à guerra, ao Holocausto e à crise social. Eles apontavam que, no processo de reconstrução do pós-Guerra, o sustentáculo maior dos padrões socioculturais dos países europeus e dos Estados Unidos, a identidade nacional dada pela hegemonia da sociedade branca, patriarcal, individualista, heteronormativa, cristã não tinha sido efetivamente questionada. A vitória da democracia sobre os totalitarismos nazifascistas e seu violento racismo não tinha se traduzido na revisão de padrões "monoculturais" que organizavam politicamente essas sociedades e suas autorrepresentações culturais. Os não brancos, as mulheres, os estrangeiros, os indivíduos transgênero ou de orientação sexual não normativa e os seguidores de religiões não cristãs ocupavam posições subalternas ou eram considerados minorias sem direitos plenos e iguais aos homens, brancos, cristãos. Mesmo nas sociedades liberal-democráticas em que essas minorias tinham alguns direitos e não eram perseguidas explicitamente pelo Estado, as assimetrias continuavam claras entre homens e mulheres, brancos e negros, cristãos e não cristãos, héteros e gays.

Nos anos 1950, vozes críticas e a pressão das minorias contra essas assimetrias foram crescentes, ainda que sem o caráter massivo que ganhariam na década posterior. Era o surgimento da "política das diferenças" e das "políticas de reconhecimento" de identidades diversas do padrão dominante, com implicações não apenas simbólicas, mas também materiais, posto que as assimetrias culturais também se refletiam na distribuição desigual de riquezas e de oportunidades profissionais. Sociólogos e antropólogos, sobretudo a partir da criação da Unesco em 1948, ramo cultural das Nações Unidas, também abraçaram a proposta de promover o multiculturalismo e o convívio das diferenças dentro da mesma sociedade nacional, como forma de evitar novos genocídios como o que os nazistas tinham perpetrado na Europa. Fazendo uma autocrítica das suas próprias origens intelectuais, profundamente colonialistas e racistas, uma nova visão social passava a estudar e defender o vigor dos encontros culturais, das mestiçagens, dos sincretismos, das diversidades étnicas e "raciais" para a consolidação de um tecido social sólido e pacífico.

Embora na prática muitas das sociedades nacionais ocidentais fossem "multiculturais", faltava reconhecer a igualdade jurídica e política do "outro": era o caso dos Estados Unidos, onde a forte presença negra, latina, judaica e indígena, sem falar em outros tantos grupos de imigrantes que construíram o país, convivia à sombra da hegemonia WASP (*White, Anglo-Saxon and Protestant*). Na Europa, onde a homogeneidade étnica e cristã como base dos Estados-nação era mais acentuada – muitos deles potências imperiais como a França e a Inglaterra –, o debate sobre o multiculturalismo foi ainda mais complexo e enfrentou mais resistências internas na década de 1950, pois havia o predomínio de uma identidade étnica-nacional ainda mais acentuada que nos Estados Unidos, país formado por muitos imigrantes europeus de diversas origens nacionais. Na verdade, em suas grandes cidades e capitais, a Europa já era marcada por um mosaico cultural e racial. Entretanto, tanto nos Estados Unidos quanto no Velho Continente, entre o multiculturalismo de fato e o de direito, além da superação dos preconceitos e do racismo enraizado em muitos grupos sociais, houve um caminho bem longo.

Pioneiros, o Canadá e a Holanda optaram por lançar as bases do multiculturalismo como política oficial de Estado. No caso do Canadá, o debate entre a identidade anglófona e francófona impulsionou a visão do "biculturalismo oficial" adotada no início dos anos 1960, quebrando o paradigma até então muito forte nas nações ocidentais de "um país, uma etnia, uma língua". Na Holanda, tanto no nível social, quanto estatal, houve o incremento de práticas culturais e de políticas de tolerância não apenas em relação à imigração, mas também com o reconhecimento do direito a identidades sexuais, comportamentais e religiosas múltiplas.

Fora do chamado "Primeiro Mundo" desenvolvido, países como o Brasil foram reconhecidos internacionalmente como modelos de convívio racial e multiculturalismo próprio dessas sociedades, em que pese a grande desigualdade social e o preconceito racial vigente, mas que eram minimizados pelo olhar estrangeiro e até pelos próprios brasileiros, a partir da mestiçagem e da ideologia da "democracia racial". De todo modo, naqueles tumultuados dias do pós-Guerra, diante do *apartheid* entre brancos e negros que manchava a democracia estadunidense, das mazelas do colonialismo europeu ainda vigente na Ásia e na África, e dos traumas do Holocausto judeu e dos genocídios nazistas de ciganos e eslavos, o Brasil se projetava como "o país do futuro" e era visto, sobretudo no exterior, como o paraíso utópico do multiculturalismo.

A partir da década de 1950, cresceram os movimentos sociais a favor de minorias, defendendo o "direito à diferença" – defesa do convívio dos diferentes dentro de uma sociedade, implicando tanto tolerância, quanto fusão (*melting-pot*) entre culturas, religiões, raças e etnias distintas – e a igualdade de oportunidades. Na década de 1960, com a explosão da Contracultura, as lutas antirracistas e anticoloniais cresceram no mundo todo, e afetaram os valores no centro do mundo capitalista.

BEATS VÃO A JULGAMENTO, ELVIS VAI PARA O EXÉRCITO, CHUCK BERRY VAI PRESO: A REAÇÃO CONSERVADORA

As situações narradas e a linguagem das obras literárias *beatniks* causaram forte reação do *establishment*. William Burroughs e Allen Ginsberg foram processados, acusados de "obscenidade". O livro com o poema "Uivo", mesmo com circulação restrita, publicado por uma pequena editora alternativa de São Francisco, a City Lights, cujo dono era o escritor *beat* Laurence Ferlinghetti, foi a julgamento em 1957 por pressão de grupos conservadores. O julgamento dessa até então pouco conhecida obra acabou tendo ampla cobertura na imprensa e tornou o movimento *beat* famoso nacionalmente. O livro foi enfim liberado pelos juízes, e o caso criou um precedente jurídico importante para aprovar o fim da censura a obras literárias, sobretudo aquelas acusadas de obscenidade e imoralidade.

Apesar dessa vitória jurídica em nome da liberdade de criação e expressão, observa-se no final dos anos 1950 e início dos anos 1960 uma forte e sistemática reação conservadora nos Estados Unidos, sobretudo no campo da cultura de massa, contra a "juventude transviada" e os "rebeldes sem causa". O "pânico moral", como ficaria conhecido o medo da "delinquência juvenil" associada ao rock 'n' roll, legitimou ações do *establishment* focadas nos astros da música com vistas a deixar claro que a transgressão teria limites. Portanto, alguns eventos que parecem sem relação entre si, na verdade, podem ser vistos como expressões da reação do sistema contra comportamentos morais, sexuais e inter-raciais identificados com o rock.

Em dezembro de 1959, Chuck Berry foi preso, acusado de "tráfico de pessoas brancas", por ter atravessado a fronteira entre dois estados americanos acompanhado de uma jovem de 14 anos com a qual teria mantido relações sexuais. Entre vários julgamentos e recursos, marcados por atitudes racistas do sistema jurídico, até o recurso final, Berry teve que cumprir um ano e meio de prisão. Outro ídolo do rock, Jerry Lee Lewis, envolveu-se com sua prima de 13 anos, casando-se com ela em 1957. A união foi apresentada pelos setores conservadores como a prova da devassidão moral dos cantores de rock, estimulando um boicote às suas músicas e concertos. Little Richard, outro pai-fundador do rock 'n' roll, se converteu à música Gospel em 1957 por causa de pressões internas (fora criado em uma família religiosa) e sociais (era gay em uma época de forte repressão a essa orientação sexual), e sua volta ao gênero alguns anos depois não causaria o mesmo impacto que suas canções e performances haviam tido antes. Em maio de 1958, Elvis Presley foi convocado a cumprir serviço militar no Exército norte-americano junto às tropas na Alemanha, até maio de 1960, quando deu baixa como sargento. O astro símbolo do rock 'n' roll rebelde foi um soldado exemplar, o que o fez ser assimilado pelos mais velhos e conservadores, expandindo seu público ouvinte, mas perdendo espaço junto aos jovens. Aliás, prova de que todo excesso de moralismo tem bases muito frágeis, foi no Exército que Presley iniciou sua dependência química de anfetaminas, que provocou sua morte em 1977. Até Alan Freed, o apresentador de rádio e TV que promovia shows e bailes de rock 'n' roll, foi apanhado pela mão longa – mas nem sempre isenta – da justiça. Havia muito que ele era criticado pelos setores conservadores e racistas por causa dos seus shows inter-raciais voltados para a juventude, que frequentemente terminavam em brigas e destruição. Em 1959, Freed foi processado por um motivo banal: aceitar pagamento em troca de promoção de determinadas músicas em seus programas, prática condenável moralmente, mas nada incomum no mundo da fonografia, conhecida em bom português por "jabaculê".

O que se percebe nesses vários eventos é que, independentemente de qualquer passo em falso no campo da moralidade ou prática comportamental efetivamente condenável de artistas e empresários ligados ao mundo do rock 'n' roll, o *establishment* estadunidense viu neles uma oportunidade para contra-atacar os heróis dos jovens rebeldes e sua música. Se as loucuras e extravagâncias dos *beatniks* estavam restritas aos seus guetos intelectuais, e por isso mesmo pouco ameaçavam o *American Way of Life*, o rock 'n' roll, ligado à mistura racial e à figura do jovem rebelde suburbano, chegava a todos os lares. O sistema se viu ameaçado em seus rígidos padrões de convívio racial, comportamento social e regramento sexual.

Somada à reação conservadora, a morte de Buddy Holly, cantor popular de rock 'n' roll, em um acidente aéreo em 1959 pareceu a muitos significar a morte daquele gênero rebelde, vigoroso e original que, desde meados de 1955, contribuía para redefinir a juventude americana e boa parte da juventude mundial.

Obviamente, como diz o ditado, o show precisava continuar, e a indústria do entretenimento musical foi capaz de absorver novos talentos e fabricar ídolos mais palatáveis a pais intranquilos e adolescentes bem-comportados, como Neil Sedaka, Brenda Lee, Frankie Avalon e Paul Anka. As baladinhas dançantes cantadas por estes novos ídolos pareciam enfim salvar a América de si mesma e apagar os excessos de rebeldia juvenil e mistura de "raças". Ledo engano. O mundo não seria mais o mesmo e o rock 'n' roll já tinha cruzado o oceano Atlântico, chegando aos jovens operários ingleses que iriam reinventar o gênero. Mesmo os jovens americanos, nas igrejas e nos *campi* universitários, com ou sem rock 'n' roll, não pareciam mais dispostos a aceitar o *apartheid* racial e o conservadorismo. Ao contrário dos jovens dos anos 1950, esses novos rebeldes teriam causas claras e objetivos bem precisos.

LEITURAS COMPLEMENTARES

KARNAL, Leandro; PURDY, Sean et al. *Uma História dos Estados Unidos*: das origens ao século XXI. São Paulo: Contexto, 2007.

WILLER, Claudio. *Rebeldes*: geração beat e anarquismo místico. Porto Alegre: LP&M, 2014.

SUGESTÃO DE OBRAS DE FICÇÃO, BIOGRAFIAS E LIVROS DE MEMÓRIAS

BALDWIN, James. *Notas de um filho nativo*. São Paulo: Companhia das Letras, 2020.

Obra de não ficção publicada nos anos 1950, escrita por James Baldwin sobre seu processo de conscientização racial e descoberta da sua negritude, bem como suas reflexões diante do preconceito nos Estados Unidos e na França (onde vivera uma parte da sua vida).

GINSBERG, Allen. *Uivo* (Graphic Novel). Rio de Janeiro: Globo, 2012.

Poema fundamental da literatura *beat*, figurando um retrato crítico e inconformista do consumismo, da vida padronizada e dos valores moralistas dos Estados Unidos dos anos 1950.

KEROUAC, J. *Pé na estrada/On the road*. Porto Alegre: LP&M, 2015.

Clássico da literatura *beat*, que narra a história de um jovem viajando pelos Estados Unidos e suas impressões sobre a "América profunda" e suas contradições.

MAILER, Norman. *The White Negro*: Superficial Reflections on the Hipster, 1957 (tradução disponível em https://antimidiablog.wordpress.com/2017/02/17/o-branco-negro-reflexoes-superficiais-sobre-o-hipster-norman-mailer-1957-traducao/).

Ensaio sobre os círculos intelectuais e existencialistas nova-iorquinos dos anos 1950.

SALINGER, J. D. *O apanhador no campo de centeio*. São Paulo: Todavia, 2019.

Expressão da busca de liberdade por um adolescente que recusa os rigores da sociedade estabelecida.

SUGESTÃO DE FILMES DE FICÇÃO E DOCUMENTÁRIOS

O Selvagem (*The Wild One*). Dir. László Benedek, EUA, 1953.

Um dos primeiros retratos das gangues rebeldes de motoqueiros que não se enquadravam nos padrões sociais.

Sementes da Violência (*Blackboard Jungle*). Dir. Richard Brooks, EUA, 1955.

Sobre um professor que tenta desenvolver seu trabalho pedagógico em uma escola dominada por conflitos juvenis e racismo.

Café Atômico (*Atomic Café*). Dir. Kevin Rafferty, Jayne Loader e Pierce Rafferty. Documentário, EUA, 1982.

Colagem de clips em tom de ironia sobre o "terror nuclear" que tomou conta dos Estados Unidos dos anos 1950, demonstrando o absurdo da corrida atômica entre as superpotências.

American Graffiti. Dir. George Lucas, EUA, 1972.

Painel nostálgico e melancólico da juventude estadunidense do começo dos anos 1960, em uma pequena cidade de interior, às vésperas da grande mudança cultural daquela década.

A juventude se politiza: por direitos civis e contra a guerra

A politização dos jovens estudantes não era uma novidade nos Estados Unidos, tampouco na América do Sul, onde, aliás, era mais disseminada e frequente. Mas, tendo em vista o novo papel que a rebeldia jovem assumiu nos anos 1950, os estudantes passaram a fazer parte de uma nova onda de agitação política pela mudança da sociedade na direção da justiça social e da democracia inclusiva. No caso específico dos Estados Unidos, a luta antirracista pela ampliação dos direitos civis era um ponto a mais na agenda dos protestos estudantis. A partir de 1965, a luta contra a intervenção estadunidense na Guerra do Vietnã, conforme a estratégia de conter movimentos comunistas mundo afora, passou a ser uma questão central tanto para os movimentos estudantis como para outros movimentos da juventude.

O crescimento industrial, a explosão demográfica e o aumento das demandas profissionais na área de serviços e gerenciamento estão por trás da ampliação da educação superior em vários países do mundo capitalista. No caso dos Estados Unidos, o número de estudantes universitários dobrou entre 1940 e 1960, engrossando as bases do ativismo social e político que marcavam a vida de vários *campi* universitários. O mesmo fenômeno se observava na Europa, com suas tradicionais e seculares universidades recebendo um contingente de jovens que apresentavam novas demandas curriculares, comportamentais e culturais.

No Brasil do final dos anos 1950, o número de estudantes universitários girava em torno de 100 mil pessoas, mas as necessidades de mão de obra qualificada criadas pelas políticas industrializantes em curso exigiram a ampliação da oferta de vagas, ainda que sempre abaixo das efetivas demandas dos jovens. No caso do Brasil, por causa do sistema de ingresso na época, muitos estudantes atingiam a nota nos estudos secundários para ingressar nas universidades, mas não havia vagas suficientes para absorvê-los, criando grande descontentamento entre os jovens. Além disso, no Brasil, assim como na América Latina em geral, as gritantes desigualdades sociais, a dependência econômica e a percepção crescente da miséria extrema como uma chaga social a ser superada acabaram por criar uma cultura estudantil fortemente radicalizada em torno do nacionalismo anti-imperialista, do terceiro-mundismo e da luta por justiça social.

Como parte do "sistema", a vida universitária investia nos jovens para capacitá-los profissionalmente, mas, dialeticamente, também propiciava entre muitos dos estudantes o surgimento de uma nova consciência social, mesclando a formação intelectual crítica com o inconformismo comum nessa fase da vida. Ainda que a maior parte dos jovens estudantes do ensino superior viesse das classes média e alta, eles se sentiam compelidos a criticar o sistema e contestar os valores conservadores que dominavam as sociedades ocidentais.

O sistema político dos Estados Unidos, controlado por dois partidos tradicionais, tinha dificuldades em absorver essas novas demandas, mas não ficou imune a elas. No fim da Segunda Guerra Mundial, o país se afirmou como uma superpotência nuclear, arvorando-se como o farol (e a polícia) do "Mundo Livre", como então se autonomeava o Ocidente capitalista e liberal-democrático que, supostamente, precisava ser protegido da expansão e das influências do comunismo liderado pela União Soviética. A eleição de John Kennedy, jovem senador democrata, em 1960, prometia dar, literalmente, uma nova fisionomia para a política dos Estados Unidos. Em sua campanha eleitoral, Kennedy comprometeu-se com aprimorar as liberdades democráticas, dar mais atenção às políticas antirracistas e controlar o "complexo industrial-militar" que incentivava a aceleração da corrida armamentista e, por consequência, as tensões internacionais entre os dois blocos que dominavam o mundo. Entretanto, concretamente, ao assumir como presidente em 1961, o carismático político não abriu mão das práticas de intervenção na política de outros países considerados dependentes ou estratégicos na Guerra Fria, como Cuba (onde a revolução liderada por Fidel Castro desembocou em um regime socialista pró-soviético) e Vietnã (onde o avanço da guerrilha comunista na parte sul do país, de governo pró-Ocidental, foi visto como um risco à política americana de contenção do comunismo na Ásia). Kennedy tampouco deu respostas efetivas para superar os conflitos raciais que se ampliavam nos Estados Unidos e frequentemente desembocavam em sérios distúrbios nas grandes cidades. De todo modo, o seu assassinato, em novembro de 1963, chocou a opinião pública americana e mundial, simbolizando o fim de uma era cheia de esperanças de renovação na política. Em muitas crônicas, filmes e memórias individuais e coletivas, esse evento é considerado uma ruptura traumática de uma era de inocência, otimismo e confiança no *American Way of Life*, marcante nos anos 1950 e começo dos anos 1960, inaugurando uma era de conflitos políticos e também de reação conservadora. Essas visões nostálgicas devem ser sempre problematizadas, pois essa "América feliz" dos Anos Dourados havia sido profundamente marcada pela desigualdade social, rigidez de padrões comportamentais, racismo e intolerância.

Lyndon Johnson, que era o vice-presidente, tomou posse depois do assassinato de Kennedy e foi confirmado no cargo nas eleições de 1964. Mesmo sem o carisma do antecessor, incorporou propostas reformistas, sintetizadas em um programa de governo intitulado "Grande Sociedade", e se viu obrigado a aprofundar as políticas de integração racial, dada a dimensão que os conflitos raciais então assumiam no país. Por outro lado, sempre em nome da "defesa da democracia", Johnson aprofundou as intervenções políticas e militares em várias regiões do mundo, sobretudo no Vietnã.

Obviamente, o discurso da "defesa da democracia" legitimava interesses econômicos do capitalismo norte-americano sobre vários países, sobretudo nas regiões mais pobres e dependentes do planeta. A virada da década de 1950 para a de 1960 ainda era marcada pela existência de grandes impérios coloniais, sobretudo da Inglaterra e da França, dois países aliados do bloco ocidental na geopolítica da Guerra Fria. Apesar de serem críticos do modelo tradicional de colonialismo, baseado no domínio direto de grandes possessões territoriais no exterior, os Estados Unidos não desistiam de exercer, ainda que de outra forma, seu poder e influência sobre governos estrangeiros. Nesse jogo, apesar da retórica ocidental, nem sempre a democracia saía vencedora. O apoio dos Estados Unidos a ditaduras militares anticomunistas na América Latina e na Ásia são o melhor exemplo dessa contradição. Cada vez mais, os norte-americanos assumiam a responsabilidade por evitar que as antigas colônias europeias em processo de independência migrassem para o bloco comunista, missão bastante difícil, dada a influência e importância dos partidos comunistas na luta anticolonial e na crítica ao imperialismo que explorava as riquezas nacionais de vários países pobres e dependentes.

A contradição entre as origens democráticas da sociedade estadunidense e suas práticas internas – como o racismo – e externas – como o imperialismo – não passou despercebida pela nova geração de jovens ativistas que unia a Contracultura à tradição de esquerda, fazendo surgir a chamada *New Left* – a Nova Esquerda, fenômeno que logo chegaria à juventude europeia. A diferença entre esta e a "velha esquerda" de tradição comunista era que seus militantes também criticavam o modelo estatista, burocrático e autoritário da União Soviética, e incluíam na pauta questões comportamentais (consideradas pelos partidos comunistas mais antigos como "problemas menores e secundários" em relação à luta pela igualdade social e emancipação econômica dos povos).

O Manifesto de Port Huron sintetizaria esta nova consciência política do meio estudantil radical, base da Nova Esquerda estadunidense. Apresentado em 1962 na convenção nacional do movimento intitulado

Estudantes por uma Sociedade Democrática (SDS, da sigla em inglês para Students for a Democratic Society), o longo texto diagnosticava problemas sociais e políticos da sociedade estadunidense, propondo a ampliação da democracia americana para um sistema mais participativo e igualitário. Defendia uma maior participação dos cidadãos nas decisões de governo, para além das eleições regulares controladas pelos dois partidos tradicionais (o Democrata e o Republicano). Além disso, tocava em dois problemas centrais dos Estados Unidos de então: a persistência da desigualdade racial e a participação na corrida nuclear. O Manifesto de Port Huron propunha que houvesse uma melhor distribuição de riquezas, a cogestão dos trabalhadores no gerenciamento das empresas e a ampliação das políticas públicas voltadas para o bem-estar social – tema importante em uma sociedade privatista e altamente mercantilizada. Como conseguir tudo isso? O manifesto respondia defendendo a auto-organização dos cidadãos e a realização de protestos baseados no princípio da "desobediência civil" e da "não violência", já empregado em lutas anticoloniais da Ásia e da África e nos movimentos antirracistas do Sul dos Estados Unidos. Estava lançada a "agenda para uma geração" que se radicalizaria ainda mais ao longo daquela década. Motivos para essa radicalização não faltavam, a começar pelo "pecado original" da democracia americana: a segregação racial.

ROSA PARKS CONTRA A SEGREGAÇÃO: A GÊNESE DO MOVIMENTO PELOS DIREITOS CIVIS

Ao final da Guerra Civil Americana (1861-1865) e da ocupação militar que se seguiu até 1877, as elites vitoriosas do Norte permitiram que os antigos estados escravocratas confederados do Sul mantivessem um sistema legal de segregacionismo racial. A tradição federalista norte-americana dava ampla margem para que os estados estabelecessem algumas leis próprias nessa matéria, e a devolução do poder político local às antigas elites escravocratas era parte de um pacto entre o Norte e o Sul para a chamada "reconstrução nacional". Assim, aplicadas em vários estados do Sul, surgiram as "leis Jim Crow", em alusão a um personagem de uma famosa canção que satirizava e desqualificava os negros. Mesmo questionadas várias vezes no âmbito federal e nas cortes superiores, essas leis segregacionistas seriam aplicadas até 1964. Baseados nelas, estabelecimentos públicos (como hotéis, restaurantes, cafés) podiam impedir a entrada de afro-americanos, assentos do transporte público eram prioritariamente reservados aos brancos, escolas e faculdades deveriam ser separadas por "raça" (sempre em prejuízo dos negros). Além disso, havia restrições raciais para o alistamento eleitoral e para ocupação dos postos de trabalho mais qualificado, transformando os negros em cidadãos de segunda classe, com direitos limitados e falta de oportunidades econômicas. Obviamente, esse racismo institucional e legal do Sul estimulava a violência direta dos supremacistas brancos contra comunidades e indivíduos afro-americanos, sobretudo quando alguém ousava contestar o sistema. Nesses casos, entravam em ação as milícias racistas de extrema direita, sendo a mais famosa delas a Ku Klux Klan.

Em meados dos anos 1950, os protestos contra as leis Jim Crow começaram a se tornar mais frequentes, e eram em grande parte organizados por associações civis e por redes religiosas antirracistas. Era o início do grande Movimento pelos Direitos Civis, um dos fenômenos mais significativos da grande onda de contestação que tomaria conta dos Estados Unidos e mobilizaria, sobretudo, a juventude.

Em dezembro de 1955, na cidade de Montgomery, Rosa Parks, uma costureira negra, se recusou a se levantar e ceder seu lugar no ônibus a um homem branco, desafiando as leis racistas do Alabama, um dos estados mais segregacionistas do país. Sua prisão acabou por desencadear vários protestos e um grande movimento de boicote aos ônibus da cidade, pelo fim da segregação. Para azar dos racistas, em Montgomery atuava um dos grandes críticos do racismo, o reverendo batista Martin Luther King. A luta local contra a discriminação racial foi longa e recheada de episódios de violência policial e de milicianos brancos contra os ativistas negros. Durante o boicote, que durou mais de um ano, King chegou a ser preso, além de sofrer um atentado à bomba em sua residência. Apesar disso, os ativistas foram bem-sucedidos e uma decisão judicial, para evitar o acirramento da comoção social, pôs fim à segregação no transporte público da cidade. Animados pelo sucesso dessa campanha, o reverendo King e outros líderes religiosos negros fundaram a Conferência de Liderança Cristã do Sul, entidade fundamental na organização de protestos contra o segregacionismo baseados no princípio da desobediência civil e da ação não violenta.

Além de denunciar o racismo, King também criticava a desigualdade socioeconômica, a falta de direitos trabalhistas e as limitações ao direito de voto impostas aos afro-americanos, sendo por isso acusado por detratores de ser "um comunista antiamericano". Ao longo de sua trajetória de militância, King e outros líderes foram implacavelmente vigiados, muitas vezes de maneira ilegal, e alvos de campanhas de difamação na imprensa que incluíam *fake news* e revelações moralmente comprometedoras de suas vidas privadas. O fato é que suas posições críticas, apesar de pacifistas, preocupavam as autoridades, sobretudo o FBI, dirigido por Edgar Hoover, um anticomunista ferrenho e defensor dos "valores da América branca e cristã".

Apesar disso, o Movimento pelos Direitos Civis só cresceu. Estudantes negros passaram a desafiar o segregacionismo nas escolas e universidades, apontando que decisões na esfera judicial federal não eram respeitadas pelas autoridades locais dos estados racistas.

Em 1960, na Carolina do Norte, quatro jovens negros ocuparam lugares reservados a brancos em uma lanchonete na cidade de Greensboro, sendo, por isso, arrancados de lá à força e presos. Mesmo com esse desfecho, a tática de "protesto sentado" (*sit-in*) popularizou-se, espalhou-se pelo país e contou com ampla cobertura da mídia; por meio dela, cada vez mais jovens desafiavam a segregação em lugares públicos como restaurantes, lojas, museus e cinemas.

Outra grande novidade no Movimento pelos Direitos Civis nos anos 1960 foi a presença de jovens brancos, muitos deles estudantes vindos do Norte dos Estados Unidos, para protestar e lutar lado a lado com os negros. Nesse sentido, o Movimento foi um ponto de virada fundamental para a reconfiguração da identidade política da juventude norte-americana e ocidental como um todo. A rebeldia jovem passava a ter uma causa, justa e legítima aos olhos de boa parte da sociedade. Portanto, quando os estudantes radicalizados lançaram o Manifesto de Port Huron, em 1962, já era perceptível o processo de conscientização e radicalização nas lutas sociais e políticas, que só cresceria até o final da década.

Entre 1963 e 1965, os protestos antirracistas se tornaram mais massivos, e a reação das milícias racistas e autoridades segregacionistas locais se tornou ainda mais violenta. Em agosto de 1963, um grande protesto conhecido como "Marcha sobre Washington" reuniu mais de 250 mil pessoas na capital do país, exigindo não apenas integração racial e pleno direito ao voto para os afro-americanos, mas também empregos e moradias dignas, sobretudo para os negros excluídos historicamente pelo "sistema". Foi nesse protesto, aos pés da estátua de Abraham Lincoln, que Martin Luther King proferiu o seu mais famoso discurso, intitulado "Eu tenho um sonho".

> Cem anos atrás, um grande americano, do qual estamos sob sua simbólica sombra, assinou a Proclamação de Emancipação [...]. Mas cem anos depois, o negro ainda não é livre. Cem anos depois, a vida do negro ainda é tristemente inválida pelas algemas da segregação e pelas cadeias da discriminação [...]. Agora é o tempo para transformar em realidade as promessas de democracia [...]. Eu digo a vocês hoje, meus amigos, que embora nós enfrentemos as dificuldades de hoje e amanhã, eu ainda tenho um sonho. É um sonho profundamente enraizado no sonho americano. Eu tenho um sonho de que um dia esta nação se levantará e viverá o verdadeiro significado de sua crença – nós celebraremos estas verdades e elas serão claras para todos, que os homens são criados iguais. [...] Eu tenho um sonho de que meus quatro pequenos filhos vão um dia viver em uma nação onde não serão julgados pela cor da pele, mas pelo teor de seu caráter. Eu tenho um sonho hoje!

Música e direitos civis

Os protestos pelos direitos civis no começo dos anos 1960, com ampla participação da juventude universitária estadunidense ao lado de militantes do Movimento Negro, consagrou o termo "canção de protesto" (*protest song*) na cena contracultural. Mesmo cantores profissionais cuja obra até então não estava ligada ao gênero, como Mahalia Jackson e Harry Belafonte, se engajaram na causa. Jovens cantores e compositores se consagraram na época em que a juventude se politizava pelos direitos civis: Phil Ochs, Bob Dylan, os membros do trio Peter, Paul and Mary, Joan Baez e Pete Seeger. Este último compôs a canção que é considerada "o hino do Movimento pelos Direitos Civis", intitulada "We shall overcome" ("Vamos superar", ou "Venceremos", em tradução livre). Seus versos, que pregam a paz e a liberdade, envolvidos por uma melodia pungente, embalavam os protestos, e a expressão "*we shall overcome*" passou a ser frequentemente utilizada nos discursos de Martin Luther King (tradução nossa):

Vamos superar, vamos superar	We shall overcome, we shall overcome
Venceremos algum dia	We shall overcome some day
No fundo do meu coração	Oh, deep in my heart
Eu acredito que vamos superar um dia	I do believe we shall overcome some day
[...]	[...]
todos seremos livres, seremos todos livres	We shall all be free, we shall all be free
[...]	[...]
Vamos viver em paz, viveremos em paz	We shall live in peace, we shall live in peace

Bob Dylan deu um novo patamar à canção de protesto, explorando as questões políticas e existenciais que mobilizavam a juventude a partir letras metafóricas e profundas. Em canções como "The times they are a-changin'" (1964) e "Blowin' in the wind" (1963), entre tantas outras, o artista, acompanhado de seu violão acústico e sua harmônica, consagrou-se com menestrel e "profeta da rebelião jovem". Em 1965, ele incorporou instrumentos elétricos para o gênero, com a canção "Like a Rolling Stone" (1965), apresentada no Festival de Newport, que trazia uma crítica ao consumismo e ao estilo de vida burguês, tecendo elogios à "vida na estrada", sem destino e sem laços familiares (tradução nossa):

[...] Qual é a sensação?	[...] How does it feel?
Qual é a sensação?	how does it feel?
Estar por sua conta?	To be on your own
De ficar sem casa?	with no direction home
Como uma total desconhecida?	A complete unknown?
Como uma pedra rolando?	Like a rolling stone?

A fusão do rock, por influência direta dos Beatles, com a tradição da canção de protesto, até então muito ligada à música country americana, escandalizou a crítica e os fãs mais puristas, mas abriu uma nova fase na carreira de Dylan, ampliando seu público e as possibilidades expressivas de sua música, que nunca deixou de ser crítica.

Enquanto Dylan se consagrava no mercado fonográfico e no *star system* do rock, Phil Ochs manteve-se ligado aos movimentos sociais e ao público mais restrito dos *campi* universitários. Depois de 1968, seguindo os passos de muitos jovens politizados, Ochs radicalizou-se ainda mais, focando sua carreira na audiência universitária e distante do grande circuito comercial. Suicidou-se em 1976 afetado por problemas mentais e alcoolismo.

A politização da canção voltada para a juventude não foi exclusividade do mercado fonográfico norte-americano. Na Europa e na América Latina, a canção deixou de ser mero entretenimento romântico ou acompanhamento de danças de salão para ser o veículo de novas mensagens, direcionadas a uma nova juventude. A MPB no Brasil, a Nueva Trova cubana, a Nueva Canción chilena, por exemplo, foram estilos que impactaram a juventude latino-americana, seja cantando a revolução, seja resistindo às ditaduras. Algumas de suas músicas fizeram muito sucesso também no mercado fonográfico, evidenciando a contradição entre (mas também a convivência de) engajamento político e indústria cultural. Entre esses dois polos, muitas canções dos anos 1960 e 1970 se imortalizaram como monumentos de uma época que experimentou os limites do radicalismo, mas também de um tipo de cultura juvenil marcada pelo idealismo na busca de soluções para os problemas sociais e injustiças do mundo. Sem ambos, talvez não tivesse sido possível "superar-se" e sonhar com o futuro.

Em 1964, os conflitos se agravaram, mas, ao mesmo tempo, o sonho de Luther King ficou mais perto da realidade. No que ficaria conhecido como o "Verão da Liberdade", centenas de estudantes brancos e negros vindos de várias regiões dos Estados Unidos se dirigiram ao Mississippi, o estado mais racista e segregacionista do país, ao lado da Geórgia e do Alabama, para organizar as ações do Movimento dos Direitos Civis com foco na conquista do direito ao voto. No Mississippi, dadas as restrições das leis locais, apenas 7% dos negros estavam aptos para votar.

The U.S. National Archives, 28 ago. 1963

Martin Luther King era um grande orador e conseguiu atrair multidões de negros e brancos para a causa antirracista nos Estados Unidos.

Três ativistas – Michael Schwerner, Andrew Goodman e James Chaney – desapareceram no dia 21 de junho no condado de Neshoba, interior do Mississippi. As buscas, coordenadas pelo FBI, mobilizaram a opinião pública nacional e duraram mais de 40 dias, quando seus corpos foram finalmente encontrados. As investigações escancararam para a opinião pública dos Estados Unidos as ligações das autoridades e elites locais com a Ku Klux Klan, que havia assassinado os três ativistas.

Esse não foi o único caso de violência durante o "Verão da Liberdade". Mais de mil pessoas chegaram a ser presas pelas polícias locais, dezenas de ativistas foram agredidos por milícias racistas, e igrejas, comércios e outros locais frequentados por afro-americanos sofreram atentados a bomba.

Em meio à comoção nacional diante de tanta violência racista, em julho de 1964, o Congresso norte-americano aprovou a Lei dos Direitos Civis, proibindo qualquer tipo de segregação racial e discriminação em estabelecimentos públicos (como lojas, restaurantes, escolas e hotéis) em todo território nacional. Entretanto, a questão do direito ao voto para os negros permanecia mal resolvida, permitindo que os estados racistas continuassem a dificultar o alistamento eleitoral.

Os protestos e as marchas nos estados racistas continuaram a ocorrer, e a violência das autoridades locais, em conluio com a KKK, contra os ativistas aumentou. Em 1965, depois de uma forte repressão policial local contra os participantes da Marcha de Selma, no Alabama, transmitida pela televisão para todo o país, o presidente Lyndon Johnson conseguiu se articular com os congressistas e finalmente aprovou a Lei de Direito de Voto.

As duas leis mencionadas são marcos importantes por encerrarem a segregação legalizada nos Estados Unidos, mas estavam longe de resolver a questão do racismo e da discriminação racial. Contudo, podem ser vistas como sinais de vitória de um longo movimento de contestação que ganhou força em 10 anos, desde que Rosa Parks resolveu ficar sentada no ônibus de volta para casa. O Movimento pelos Direitos Civis dos Estados Unidos teve repercussão mundial, e seu maior símbolo, o reverendo Martin Luther King, ganhou o Prêmio Nobel da Paz em 1964.

Nos EUA, os distúrbios e a violência racial não se limitaram ao Sul. Na mesma época, ocorreram protestos violentos também em cidades do Norte industrial, como Nova York, Chicago e Detroit, e em Los Angeles, denunciando as desigualdades sociais, a violência policial contra afro-americanos e o alto desemprego nos guetos negros, resultados do racismo estrutural vigente mesmo em locais onde legalmente não havia segregação.

Ao lado da ampliação do movimento de contestação, envolvendo também toda uma nova geração de estudantes brancos, os efeitos dessa onda de violência racista provocaram mudanças nas táticas, ideologias e formas de organização dos movimentos sociais. Os grupos estudantis que costumavam pregar a não violência como método de luta política passaram por um grande debate interno. Ecoavam nesse debate algumas dúvidas fundamentais: seria possível enfrentar a violência racista – que contava com apoio de autoridades policiais e elites locais nunca condenadas pelos seus atos – apenas com marchas e protestos pacíficos? Não seria mais eficaz (e legítimo) enfrentar a violência com violência? Bastariam leis para acabar com a segregação se o sistema de exploração socioeconômica que afetava boa parte da população não fosse mudado? As várias respostas possíveis a essas questões provocaram dissidências e abriram caminho para o surgimento de líderes e grupos mais radicalizados entre as organizações de jovens.

Entre os jovens negros, consolidou-se a opção de utilizar a autodefesa e a chamada "violência defensiva" contra os ataques dos racistas, além de manifestar explicitamente o orgulho racial, ostentando roupas, cabelos e atitudes que expressassem uma identidade própria, bem como defender o socialismo como ideologia. Malcolm X foi um dos primeiros ativistas a propor o "nacionalismo negro" (ou seja, a ideia de que os negros estadunidenses constituíam uma outra nação, oprimida pela "América branca", que deveria se separar), assim como o uso da violência reativa contra os racistas. Convertido ao islamismo desde os anos 1950, ele criticava a política de integração, o pacifismo cristão e as táticas de não violência defendidas por Luther King. Em cerca ocasião, ironizou:

> O maior milagre que o cristianismo conseguiu na América foi que o homem negro nas mãos brancas cristãs não se tornasse violento. É um milagre que 22 milhões de pessoas negras não se tenham erguido contra os seus opressores – no que teriam sido justificados por todos os critérios morais, e mesmo pela tradição democrática.

Malcolm X morreria assassinado em 1965, não por mãos brancas, mas por militantes de outro grupo de negros islamizados com os quais havia rompido. Sua defesa do socialismo, do nacionalismo negro e da violência como tática de autodefesa contra o racismo está na origem do "*black power*", expressão criada por outro ativista negro, Stokely Carmichael, jovem estudante nascido em Trinidad e Tobago e naturalizado norte-americano.

Em 1966, na Califórnia, Carmichael inspirou a criação do Partido dos Panteras Negras, grupo que criticava o integracionismo da corrente mais moderada (ou seja, a diluição da identidade afro-americana nos valores gerais da sociedade) e as políticas oficiais (que considerava muito limitadas), defendendo o nacionalismo negro e o socialismo como formas de combater a "América branca e racista". O *black power*, além de propor uma nova tática de luta, também se manifestava através da adoção de novos símbolos, como o uso de roupas pretas e o cabelo alto (que ficou conhecido como "estilo afro"), bem como propondo posturas altivas e contundentes contra o racismo, que marcariam a cultura jovem negra dos Estados Unidos e de vários outros países. Em um Manifesto, os Panteras Negras apresentaram exigências radicais em uma linguagem direta que atraiu muitos jovens.

Manifesto dos Panteras Negras
O que queremos

1. Nós queremos liberdade. Queremos poder para determinar o destino de nossa comunidade negra.
2. Queremos desemprego zero para nosso povo.
3. Queremos o fim da ladroagem dos capitalistas brancos contra a comunidade negra.
4. Queremos casas decentes para abrigar seres humanos.
5. Queremos educação para nosso povo! Uma educação que exponha a verdadeira natureza da decadência da sociedade americana. Queremos que seja ensinada a nossa verdadeira história e nosso papel na sociedade atual.
6. Queremos que todos os homens negros sejam isentos do serviço militar.
7. Queremos o fim imediato da brutalidade policial e dos assassinatos de pessoas negras.
8. Queremos liberdade para todos os negros que estejam em prisões e cadeias federais, estaduais, distritais ou municipais.
9. Queremos que todas as pessoas negras levadas a julgamento sejam julgadas por seus pares ou por pessoas das suas comunidades negras, tal como definido pela Constituição dos Estados Unidos.
10. Queremos terra, pão, moradia, educação, roupas, justiça e paz.

(Fonte: BLOOM, Joshua; MARTIN, Waldo E. *Black Against Empire*. Berkeley: University of California Press, 2013, pp. 70-72.)

Os efeitos da onda de violência política e racial ocorrida entre 1963 e 1965 também foram significativos entre os jovens ativistas estudantis brancos, principalmente depois do "Verão da Liberdade". Também entre eles houve um aumento da radicalização política e a adoção do socialismo revolucionário como ideologia central, indo, portanto, além do humanismo liberal, cristão e progressista que predominava no início do Movimento pelos Direitos Civis. Em setembro de 1964 (ou seja, no início do ano acadêmico norte-americano), surgiu na Universidade de Berkeley, Califórnia, o Movimento pela Livre-Expressão (*Free Speech Movement*), um coletivo de estudantes que defendia a liberdade de expressão sem limites e o direito de emitir opiniões políticas nos *campi* universitários, cujas regras proibiam esse tipo de manifestação para além de organizações estudantis sob estrito controle institucional. Ali também se afirmava uma ideia de juventude como *ethos* da luta política radical contra o "sistema" ou o *establishment*, como chamam os norte-americanos. Em um dos protestos ocorridos em Berkeley, o estudante e ativista Jack Weinberg proferiu a frase que marcaria os anos 1960 e a Contracultura: "Não confie em ninguém com mais de trinta (anos)!".

A luta pela liberdade de manifestação política e de organização estudantil dentro dos *campi* universitários incluíam muitas táticas do Movimento pelos Direitos Civis, como marchas, atos de desobediência civil contra regras internas das universidades, aulas abertas, ocupações e "protestos sentados". Apesar da reação das autoridades acadêmicas e das intervenções policiais violentas, a politização dos jovens estudantes então se mostrava irreversível. A partir de 1965, a rebeldia jovem abraçaria uma causa nova que ia muito além dos *campi* universitários: a luta contra a Guerra do Vietnã.

A JUVENTUDE E A GUERRA DO VIETNÃ

A Guerra do Vietnã foi o mais sangrento conflito dos anos 1960 e um dos mais longos da Guerra Fria. Na verdade, ele teve início em 1945, quando a Indochina, invadida e conquistada pela França em fins do século XIX, quis se tornar independente da sua metrópole europeia. Em 1954, as tropas francesas foram definitivamente derrotadas, dando início às conversações de paz na cidade de Genebra que culminaram na divisão do país em duas partes: Vietnã do Sul, capitalista, e Vietnã do Norte, comunista, com a promessa, nunca cumprida, de realização de um plebiscito para decidir sobre uma eventual reunificação. O Sul tinha uma elite europeizada e convertida ao catolicismo que mantinha uma relação conflituosa com a maioria budista da população, fator que desestabilizou o governo no início dos anos 1960. No Norte, o Partido Comunista, principal organizador das lutas pela independência, estava no governo, liderado por Ho Chi Minh, e também inspirava e apoiava uma forte guerrilha rural, o Exército de Libertação do Vietnã do Sul (conhecido como Vietcongue), que atuava na parte capitalista e pró-Ocidental do Vietnã.

As conquistas da guerrilha comunista no início dos anos 1960 preocuparam o governo dos Estados Unidos, dedicado a conter o avanço do comunismo em várias partes do mundo. Em resposta, o presidente John Kennedy deu início a uma intervenção militar que, inicialmente, limitava-se a ataques pontuais, ações encobertas da CIA (a agência de espionagem americana), envio de armas e assessoria técnica ao Exército do Vietnã do Sul. Entretanto, em 1965, a política americana para a região mudou, tornando-se mais agressiva. Uma *fake news* disseminada pelo governo Lyndon Johnson – um suposto ataque a um destróier dos Estados Unidos no golfo de Tonkin – foi utilizada como justificativa perante a opinião pública para incrementar a intervenção militar. O Congresso estadunidense então autorizou ataques em massa ao Vietnã do Norte comunista, mesmo sem uma declaração formal de guerra.

No final do ano de 1965, 200 mil soldados americanos já atuavam na região, e até 1968, mais de 1 milhão de toneladas de bombas seriam jogadas sobre as cidades do Vietnã do Norte. As lutas contra os guerrilheiros do Vietcongue, que se davam na selva e nas cidades, também recrudesceram. Retaliações norte-americanas contra vilas e aldeias do Vietnã do Sul suspeitas de proteger e ocultar guerrilheiros vitimaram ainda mais a população civil, sobretudo camponeses.

No começo da ação, a maior parte da opinião pública norte-americana apoiou o seu governo na "luta contra os comunistas", e os protestos contra a guerra de então se limitavam aos *campi* universitários e grupos estudantis de esquerda. A partir de 1967, contudo, os protestos se tornaram mais massivos, por vários motivos. O modelo de convocação militar obrigatória fez crescer a oposição à guerra na juventude e nas famílias que temiam por seus filhos lutando em um país distante. A guerra tornou-se cada vez mais impopular. Cerca de 30 mil americanos já haviam morrido ao final do governo de Lyndon Johnson. A cobertura televisiva da guerra, uma novidade midiática, levava imagens chocantes para dentro das casas dos norte-americanos todos os dias, mostrando não apenas o sofrimento dos jovens soldados e os cadáveres de compatriotas mortos em ação, mas também a população civil miserável vítima dos bombardeios aéreos estadunidenses. As imagens e o relato do massacre promovido na aldeia de My Lai, em março de 1968, quando soldados estadunidenses mataram cerca de 500 civis a sangue frio, entre eles mulheres e crianças, foram devastadores para uma opinião pública acostumada a apoiar "cruzadas militares pela salvação da democracia". Agora, não havia nazistas e exércitos ameaçadores para derrotar em nome da Humanidade; essa guerra parecia extremamente desigual e cada vez mais sem sentido. O discurso de luta contra o comunismo pela liberdade do povo vietnamita ficou insustentável. Além disso, as baixas americanas, sem falar nas sequelas físicas e psicológicas dos jovens retornados da luta, ajudaram a minar o apoio à guerra e fizeram crescer os protestos encabeçados pela juventude.

A resistência vietnamita à invasão americana acabou se tornando um símbolo de luta anti-imperialista, revolução popular e de emancipação nacional – imagem incorporada por movimentos de esquerda em todo o mundo nos anos 1960. Mesmo a imprensa liberal norte-americana, que até meados de 1967 apoiava a intervenção militar, alterou a sua linha editorial refletindo a mudança de humores na opinião pública e as dúvidas crescentes das classes médias que perguntavam sobre o sentido de sacrificar "jovens americanos" em uma região tão distante dos EUA. Intelectuais e ativistas ganharam espaço na mídia, aumentando ainda mais as vozes desfavoráveis à guerra.

Milhares de jovens convocados para a guerra se recusaram a servir as Forças Armadas, praticando atos de desobediência civil, como queimar ou devolver ao governo suas cartas de convocação. Os jovens negros eram, proporcionalmente, mais convocados a servir no Vietnã do que os brancos, aumentando ainda mais a revolta dos afro-americanos já mobilizados na luta antirracista.

O governo norte-americano, por sua vez, tentava transmitir uma mensagem de otimismo e de vitória militar iminente. Mas, apesar de todo poderio bélico e financeiro dos Estados Unidos, a guerra parecia longe do fim, como demonstrou a grande ofensiva vietcongue em janeiro de 1968, que chegou a invadir a embaixada norte-americana em Saigon. Este foi o ponto de virada definitivo na opinião pública. A partir daí, os protestos aumentaram, extrapolando os limites dos *campi* universitários.

Frank Wolfe, 21 out. 1967 (Lyndon B. Johnson Library)

A Guerra do Vietnã foi o grande evento catalisador da mobilização jovem a partir de 1965, tornando-se uma pauta mundial a partir, sobretudo, de 1967.

A oposição à guerra do Vietnã fez crescer a polarização e a violência política na sociedade norte-americana, ilustradas pelo assassinato de John Kennedy em 1963 e os conflitos diretos ocorridos na campanha pelos direitos civis. A tensão racial continuava candente, e o assassinato de Martin Luther King em abril de 1968, outro grande líder negro que era contra a Guerra do Vietnã, incendiou ainda mais o país. Em junho do mesmo ano, Robert Kennedy também foi assassinado. Bob, como era conhecido, era um político liberal-progressista, irmão de John, que defendia uma pacificação negociada com os comunistas do Vietnã. Bob era a favor da incrementação das políticas de integração racial e direitos civis e, em 1968, era pré-candidato à presidência da República pelo Partido Democrata.

Esses assassinatos aumentaram a percepção de que a superpotência que se apresentava como responsável pelo "Mundo Livre", na verdade, vivia uma grande crise política, moral e social.

Vendo seus índices de popularidade despencar, Lyndon Johnson desistiu de concorrer à reeleição à presidência, abrindo caminho para a candidatura do conservador Richard Nixon e para a volta dos Republicanos ao poder. Nixon prometia resolver a "questão do Vietnã" e controlar a insurreição jovem que se alastrava pelos Estados Unidos, retomando os eixos basilares do "sonho americano" em torno "da família, da religião, do sucesso econômico e do patriotismo".

Eleito no final de 1968, Nixon iniciou um processo de "vietnamização" da guerra, transferindo boa parte das responsabilidades militares para o Exército do Vietnã do Sul, uma força desmotivada e mal preparada. Por outro lado, Nixon expandiu os ataques aéreos americanos e as operações militares para os países vizinhos, Laos e Camboja, utilizados como bases pelos guerrilheiros vietcongues. A participação dos Estados Unidos nessa guerra duraria até 1973 e mataria mais 20 mil soldados americanos, sem falar nas centenas de milhares de vietnamitas.

Aos crescentes protestos internos protagonizados pela juventude, o governo respondia com forte repressão, disposto a acabar com a radicalização da juventude norte-americana e controlar as organizações esquerdistas estudantis e as alas mais radicais do movimento negro, como os Panteras Negras. Sob Nixon, as forças de segurança agiam contra estudantes rebelados nas universidades com mais violência do que de costume. Na Universidade de Kent, Ohio, quatro estudantes acabaram sendo mortos pela Guarda Nacional em 1970. Mesmo assim, entre 1969 e 1971, os protestos se intensificaram e se radicalizaram. Em 1969, uma dissidência do SDS fundou o Weather Underground, um grupo que defendia a luta armada como forma protestar contra a Guerra do Vietnã e derrubar o governo dos Estados Unidos. O Weather Underground e o Black Liberation

Army, fundado na mesma época, eram os grupos políticos mais radicais da esquerda norte-americana de então.

Apesar da ação desses grupos que aderiram ao terrorismo como forma de luta, os protestos estudantis nos Estados Unidos contra a guerra ficariam mais conhecidos pela sua face pacifista, contracultural, performática (com manifestações teatrais, discursos poéticos e intervenções artísticas). Ao cobrir esses protestos, a própria mídia ajudaria a consagrar a ideia de que havia uma nova "cultura jovem", diferente de tudo que se conhecia até então.

Na verdade, por vezes, radicalismo político e comportamento alternativo agora se uniam em novas formas de protesto, como, por exemplo, lançar a candidatura do porco Pigasus à presidência da República, como fez o Partido Internacional da Juventude (YIP, do inglês Youth International Party) numa blague para criticar o sistema político dos Estados Unidos e a degeneração da democracia. A criação do YIP em fins de 1967, por Abbie Hoffman e Jerry Rubin, uniu definitivamente a Contracultura jovem e o *ethos* politizado da Nova Esquerda estudantil. A bandeira dessa organização é reveladora dos novos valores libertários da Contracultura jovem, críticos não só do "Ocidente burguês e moralista", mas também da "velha esquerda", sisuda e comportada, dos antigos partidos comunistas: ela trazia o desenho da folha de *cannabis* sobreposta à estrela vermelha do socialismo, sobre o fundo negro do anarquismo.

Em outubro de 1967, uma grande manifestação antiguerra reuniu 100 mil pessoas em Washington, perto do local onde, quatro anos antes, ocorrera a histórica marcha pelos direitos civis em que foi proferido o famoso discurso de Martins Luther King. Boa parte da multidão, formada sobretudo por jovens, decidiu marchar na direção do Pentágono, sede do Comando Militar dos Estados Unidos, escoltada por tropas da Guarda Nacional. Nesse momento, ao invés de discursos arrebatadores, ativistas optaram por outras táticas, performáticas: distribuíram flores para os soldados e, sob a regência de Allen Ginsberg, o famoso poeta *beatnik*, a multidão "concentrou suas energias mentais" para fazer o Pentágono, literalmente, levitar, como se fosse um disco-voador. Obviamente, o prédio não saiu do chão. Contudo, foi ficando cada vez mais claro que a politização da juventude alçava novos voos quando a tradição de luta pelos direitos civis se encontrou definitivamente com a Contracultura e o movimento *hippie*. A juventude nunca mais seria a mesma.

LEITURAS COMPLEMENTARES

KARNAL, Leandro; PURDY, Sean et al. *Uma História dos Estados Unidos*: das origens ao século XXI. São Paulo: Contexto, 2007.

MALCOLM X. *Autobiografia de Malcolm X*. Rio de Janeiro/Nova York: Record/Luso-Brazilian Books, 1992.

SUGESTÃO DE OBRAS DE FICÇÃO, BIOGRAFIAS E LIVROS DE MEMÓRIAS

BALDWIN, James. *Terra estranha*. São Paulo: Companhia das Letras, 2018.
Romance que se passa na Nova York dos anos 1950 e gira em torno da relação entre um músico negro e uma mulher branca.

MOSER, B. *Sontag*: vida e obra. São Paulo: Companhia das Letras, 2019.
Biografia da grande intelectual Susan Sontag, que atuou e refletiu sobre o radicalismo dos anos 1960.

SUGESTÃO DE FILMES DE FICÇÃO E DOCUMENTÁRIOS

Selma. Dir.: Ava DuVernay, EUA, 2015.
Filme que retrata a marcha histórica ocorrida na cidade de Selma, em plena campanha pelos direitos civis.

Malcolm X. Dir.: Spike Lee, EUA, 1992.
Cinebiografia do ativista negro assassinado em 1964.

O oito de Chicago (*The Chicago 8*). Dir.: Pinchas Perry, EUA, 2010.
Retrato irônico e bem-humorado sobre o famoso julgamento dos *hippies* e ativistas contra a Guerra do Vietnã ocorrido na cidade de Chicago.

Eu não sou seu negro (*I'm not Your Negro*). Dir.: Raoul Peck, EUA, 2017.
Documentário sobre James Baldwin, tendo como pano de fundo a campanha pelos direitos civis e a violência racista nos Estados Unidos.

Seberg contra todos (*Seberg*). Dir.: Benedict Andrews, EUA, 2020.
Cinebiografia da atriz Jean Seberg, que se envolveu com os Panteras Negras e chegou a ser perseguida pelo FBI.

A grande recusa e o mal-estar na civilização: movimento *hippie*

Quando se fala em Contracultura, são incontornáveis as imagens de jovens de rosto angelical, cheios de flores no cabelo, um tanto alterados pelo uso de drogas, pregando a vida comunitária e o amor livre em meio à natureza. Ou seja, tudo aquilo que o próprio movimento e a cobertura da mídia consagraram como símbolos do movimento *hippie*, no auge da rebeldia jovem entre meados dos anos 1960 e 1970.

A busca de vida comunitária (contra as divisões e hierarquias sociais tradicionais) e de novos padrões de relações afetivas e integração com a natureza (contra o uso destrutivo e predatório dos recursos naturais) não foi uma invenção dos anos 1960, nem do movimento *hippie*. Desde o século XIX, o movimento romântico buscava uma nova sensibilidade social e uma nova estética para expressar as angústias e utopias diante de uma sociedade capitalista nascente, mas já pragmática, industrial e individualista.

No caso dos Estados Unidos, o ideal de "comunhão com a natureza" já tinha sido sintetizado pelo escritor Henry David Thoreau. Dois livros de sua autoria são particularmente importantes para a Contracultura – *A desobediência civil* (1849) e *Walden*: *A vida nos bosques* (1854), considerados inspiradores de um novo modo de vida, despojado, libertário, pacifista, em contato com a natureza. Sua obra foi redescoberta nos anos 1960, incorporada pelos *beatniks*, pelos ativistas dos direitos civis e pelos *hippies*. Juntaram-se a ela o misticismo de inspiração oriental, a crítica ao "sistema", a vida nômade *on the road* e o ideal de vida comunitária, fora dos padrões da família nuclear tradicional (pai, mãe e filhos vivendo em um espaço íntimo e privado). A partir dessas perspectivas culturais, práticas sociais e valores subjetivos, vários jovens começaram a se reunir em novos grupos e comunidades em meados dos anos 1960.

As origens do movimento não são facilmente identificáveis, nem obedecem a uma linha causal de eventos e manifestos. Na verdade, o movimento *hippie* foi produzido pela convergência de várias experiências comportamentais e com a adoção de estilos de vida alternativos espalhados pelos Estados Unidos por volta de 1965, que incluíam comunidades rurais, artistas que utilizavam ácido lisérgico (LSD, uma droga sintética), procurando "expandir suas percepções sensoriais", comunidades de músicos, seitas religiosas inspiradas pelo orientalismo (zen-budismo, yoga) ou por rituais religiosos dos nativos americanos.

A imprensa *underground*, com seus jornais diagramados de forma criativa, foi fundamental para disseminar essas experiências e consolidá-las como um novo estilo de vida, ao circularem em espaços socioculturais frequentados por jovens, universidades e espetáculos artísticos. Naquele momento, essa imprensa se firmou como fonte de informação alternativa, discutindo temas de interesse da nova juventude pouco presentes nos grandes jornais. Um dos exemplos pioneiros foi o jornal *San Francisco Oracle*, que publicava matérias de opinião, poemas, textos místicos, crônicas psicodélicas, adotando um visual bastante colorido. Escritores *beatniks* como Allen Ginsberg e Lawrence Ferlinghetti participavam desse jornal, conectando as gerações de jovens dos anos 1950 e anos 1960 sob o signo da Contracultura.

Havia, de fato, semelhanças entre *beats* e *hippies*, como a crítica à moral sexual predominante, o culto às drogas como forma de expansão da consciência, a vida errante e o misticismo orientalista. Contudo, havia também muitas diferenças. O modelo da *beat generation* era o "negro revoltado" e politizado em busca de justiça social, cuja trilha sonora era o jazz progressivo e cerebral do estilo *bebop*. No caso dos *hippies*, a inspiração vinha dos nativos americanos, seus rituais de "comunhão com a natureza" e sua vida tribal avessa ao individualismo. Sua música era o rock distorcido e amplificado por instrumentos elétricos. Com eles, um novo espírito *on the road* e uma nova boemia espalhou-se pela América, simbolizados pelo ônibus colorido do escritor Ken Kesey, que vagava pelas estradas sob o mantra "livremente doidão", tentando "abrir a cabeça das pessoas", ou seja, defendendo o uso recreativo de drogas como forma de expansão da consciência e das sensações.

Entre 1965 e 1968, esses novos temas chegaram aos jovens universitários, sobretudo brancos de classe média, fazendo com que muitos deles rompessem com suas famílias e "caíssem na estrada". Isso significava deixar de frequentar escolas, viver fora da casa dos pais, recusar a vida religiosa institucional, afastar-se dos tipos de trabalhos e carreiras tradicionais, praticar o "amor livre", ou seja, fazer sexo sem tabus morais. Essa "vida estradeira" se completava, por vezes, com a formação de comunidades rurais ou urbanas nas quais se buscava concretizar o ideal de confraternização, vivenciar experiências místicas e sensoriais, fazer trabalhos alternativos que envolvessem artesanato ou produção artística. No cotidiano dessas comunidades alternativas, todos os objetos que não fossem de uso pessoal estrito deveriam ser partilhados, as tarefas cotidianas deveriam ser divididas igualmente entre os membros e as decisões sobre como administrar a comunidade deveriam ser discutidas e tomadas coletivamente. É claro, esse era um ideal comunitário que nem sempre funcionava, pois as comunidades não estavam isentas de conflitos internos e violências nas relações interpessoais.

Ideólogos da "Grande Recusa"

Na década de 1960, o mundo estava "irreconhecivelmente inteligente", para usar a expressão irônica de Roberto Schwarz referindo-se ao fato de que, nessa época, intelectuais e filósofos se transformaram em personagens midiáticos. A linguagem e os códigos das vanguardas no cinema, no teatro e nas artes plásticas davam o tom da vida cultural das classes médias escolarizadas, jovens imberbes perambulavam com livros de filósofos eruditos que, frequentemente, eram mais citados do que de fato lidos. Na onda contracultural que se espalharia por muitos países, proliferaram novas teorias não apenas para explicar o mundo, mas para transformá-lo. O existencialismo sartreano estava no auge, mesclado com o marxismo, que era a linguagem revolucionária por excelência da juventude crítica das estruturas sociais e do colonialismo. Outro filósofo que caiu no gosto dos movimentos jovens foi Herbert Marcuse, também inspirado pelo marxismo. Em sua obra *Eros e civilização* (1955), Marcuse havia fundido psicanálise com marxismo, pensando a "alienação do trabalho" em paralelo à "repressão aos desejos". Mas o livro que mais impactou os movimentos contraculturais foi *O homem unidimensional* (1964), no qual Marcuse criticava a vida cotidiana administrada pelo Estado, a tecnologia e a racionalidade instrumental (o uso da Razão como forma de controle social e regramento de comportamentos), que levavam a um novo tipo de totalitarismo, disfarçado sob a ideologia liberal, que oprimia o "sujeito contemporâneo". A saída para essa opressão, segundo Marcuse, seria optar pela "Grande Recusa", seja no pensamento, seja no comportamento, afastando-se do cotidiano controlado e dos valores materiais e políticos dominantes das sociedades industriais. Ao lado de Mao Tsé-tung e Marx, Marcuse formava os "3 Ms" que inspiravam intelectualmente a rebeldia jovem dos anos 1960.

Em 1967, Guy Debord lançou o livro *A sociedade do espetáculo*, uma das bases teóricas da corrente política Situacionista que agitou os meios artísticos, intelectuais e militantes europeus entre fins daquela década e meados dos anos 1970. Debord elaborou um novo conceito de "sociedade" pautada pela espetacularização como mediadora central das relações sociais e humanas sob as regras do consumo capitalista. Como contraponto, para se "atingir camadas mais profundas do real", era preciso criticar e desconstruir a relação espetacular que era a base da alienação contemporânea, para as quais a crítica cultural, a apropriação não utilitária dos espaços urbanos e a produção artística inovadora e sem fins lucrativos eram centrais.

Os intelectuais e filósofos então na moda inspiravam a juventude da época, rebelde e adepta da Contracultura, a duvidar de tudo: das formas tradicionais de família patriarcal, do governo, do "sistema", e até das "velhas" teorias socialistas que privilegiavam a libertação econômica e política, deixando as questões comportamentais em segundo plano. Como denúncia da alienação, da repressão sexual e da sociedade como imagem vazia, a juventude dos anos 1960 transformou a cultura e o comportamento nas armas principais da "revolução jovem".

A cidade de São Francisco se tornou o epicentro do movimento *hippie* nascente, e jovens vindos de várias partes do país se concentraram no distrito Haight-Ashbury, atraídos pelo aluguel barato dos antigos e charmosos apartamentos da região. Em janeiro de 1967, São Francisco sediou o evento que tornou famoso o movimento *hippie* na imprensa nacional e nos meios de comunicação de massa: o *Human Be-In*, ou "Reunião das Tribos para tornar-se Humano". A motivação principal do evento era protestar contra a proibição do uso de LSD pelo governo da Califórnia, mas ele também pretendia ser uma demonstração massiva contra a Guerra do Vietnã. Dessa maneira, os organizadores esperavam que os jovens radicais de Berkeley, mais politizados e intelectualizados, e pouco simpáticos ao espiritualismo, à despolitização e ao subjetivismo do *flower power* (expressão que, traduzida como "poder da flor", era a síntese da atitude *hippie*), também concorressem ao evento, unindo as duas grandes alas da Contracultura americana. Entretanto, o *Human Be-In* acabou sendo, basicamente, um cerimonial *hippie*, regado a música e drogas. O evento foi marcado pela apresentação de bandas de rock, como Jefferson Airplane, The Grateful Dead, The Big Brother and the Holding Company, com canções cujas letras remetiam a estados alterados de consciência em decorrência das drogas. A vizinha Los Angeles também se tornou um centro da cultura *hippie* e seria o celeiro de muitas bandas fundamentais do rock contracultural americano, como The Doors e Buffalo Springfield. Estava superada como principal trilha sonora da juventude a era das baladas românticas e açucaradas da "América feliz" do começo dos anos 1960.

O uso experimental de LSD e outras drogas era desenvolvido nas universidades americanas. Nos anos 1950, elas haviam sido utilizadas até por pesquisas conduzidas pela CIA (serviço de espionagem dos Estados Unidos) com cobaias humanas, como forma de enfraquecer e controlar a mente dos inimigos potenciais no contexto da Guerra Fria contra os comunistas. Mas nos anos 1960, o uso de LSD ganhou conotações culturais mais amplas, servindo como porta de entrada para novas formas de sociabilidade e utopias comunitárias ao dissolver os padrões racionalistas de percepção e o autocontrole dos impulsos sensoriais vigentes nas sociedades ocidentais. Timothy Leary, psicólogo e professor de Harvard (até ser demitido acusado de assédio a alunos e faltas não justificadas em aulas), era o mais famoso defensor do uso de LSD para fins terapêuticos e como forma de "expansão da consciência". Mesmo demitido de Harvard e sendo processado e preso várias vezes, Leary manteve suas experiências com a substância em outros espaços e se tornou uma referência para a "Contracultura lisérgica" (a variante contracultural que defendia o uso de drogas alucinógenas) que se expandia entre os jovens norte-americanos.

No contexto da Contracultura, o uso de drogas como o LSD, da maconha (*cannabis*) e de alucinógenos naturais (utilizados pelos povos originários da América) precisa ser observado historicamente para além da mera condenação moral do "vício". Ele certamente é uma das contradições dos movimentos libertários da juventude dos anos 1960. Os efeitos psicológicos, físicos e sociais do uso abusivo de drogas ainda não eram plenamente discutidos e conhecidos na sociedade, levando muitos jovens a desconsiderá-los em nome do "prazer sensorial" e da "aquisição de uma nova consciência". Tampouco o consumo de drogas estava ligado ao crime organizado em escala mundial, como na atualidade, fenômeno que acabou sendo estimulado, contraditoriamente, pelo proibicionismo moralista e pela política de "guerra às drogas", disseminados a partir dos anos 1970.

Independentemente de qualquer consideração de ordem moral ou patológica, as drogas fizeram parte da Contracultura dos anos 1960 e 1970 e são inseparáveis da sua história. Leary, obviamente, esteve presente no *Human Be-In* e sua frase célebre "*Tune-in, turn-on and drop-out*" ("Caia em si, ligue-se, caia fora") tornou-se o mantra de todas as tribos da Contracultura que defendiam a busca de uma nova espiritualidade e recusavam os padrões sociais vigentes. Era essa a intenção dos 30 mil jovens que se reuniram no Golden Gate Park, além de mostrar que as drogas não conduziam à criminalidade e à violência, como alegavam as autoridades, mas eram parte de uma nova sociabilidade e sensibilidade. No "Verão do Amor", milhares de jovens vindos de toda parte dos Estados Unidos se reuniram em São Francisco, "usando flores no cabelo", como pedia uma canção famosa interpretada por Scott McKenzie, gravada justamente para promover o Festival de Monterey, que se tornou o hino mundial do movimento *hippie*.

Além de se concentrar na cidade de São Francisco, o fenômeno *hippie* se espalhou por outros lugares, sobretudo na Costa Oeste. O *Human Be-In* e o "Verão do Amor" tinham chamado a atenção da grande mídia, para além da imprensa *underground*, ganhando capas e páginas nas revistas mais lidas pela classe média estadunidense, como a *Times* e *Newsweek*. A longa matéria de cinco páginas publicada na *Times* de 7 de julho de 1967 é um marco nas narrativas midiáticas sobre o movimento *hippie*: além um caderno com fotos coloridas e vistosas, a matéria descrevia as características básicas do movimento, como o pacifismo e a crítica ao consumismo. Entre uma ou outra condenação, sobretudo em relação ao abuso de drogas, o tom da matéria foi em geral compreensivo, concluindo que os *hippies*, com sua simplicidade, pacifismo e honestidade, poderiam fazer a América repensar os seus próprios valores. De fato, os *hippies,* ainda que não fossem politicamente radicais e organizados como os estudantes de esquerda dos *campi* universitários, vocalizavam o incômodo crescente da classe média e da imprensa contra a Guerra do Vietnã. Contudo, por estarem mais para anticapitalistas românticos do que socialistas perigosos, seus ideais pareciam mais palatáveis, o que permitiu sua melhor assimilação pelo "sistema" e uma certa tolerância das autoridades e do *establishment* para com suas manifestações.

Ainda que o tom das primeiras reportagens destacasse o ideal romântico de "mudar o mundo a partir do indivíduo" e "construir uma sociedade alternativa, baseada na vida comunitária e no despojamento, à sociedade capitalista dominante", não faltaram, em um segundo momento, matérias alarmistas. Elas denunciavam o "amor livre" (ou seja, crítico à monogamia e à fidelidade conjugal imposta pelo casamento convencional) como destruidor dos valores familiares. E alertavam que o uso de drogas conduziria ao vício generalizado e, no limite, a problemas sérios de saúde pessoal e pública.

O conceito de Contracultura

O que é Contracultura? Um movimento político, uma atitude comportamental, uma perspectiva cultural? Ou vários movimentos, atitudes e perspectivas reunidas sob o mesmo rótulo? Que significados essa palavra consagrou e quais outros significados históricos ela oculta?

O debate bibliográfico em torno do conceito de Contracultura é marcado por posições díspares. Para Theodore Roszak, acadêmico e romancista que criou o termo no final dos anos 1960, a Contracultura é um "sintoma" e uma "resposta" à extrema racionalização da vida sob a tecnocracia que administrava as sociedades capitalistas industriais mais avançadas no pós-Guerra, marcada pela alienação social e pela afluência de novas riquezas e bens de consumo. Nesse sentido, a Contracultura seria típica expressão do inconformismo de uma classe média abastada.

Para outros autores, como John Milton Yingan, a Contracultura é a expressão ancorada nas culturas subalternas das classes populares, expressando um conflito global com os valores dominantes na sociedade. Outros ainda, como Thomas Frank, problematizam o caráter crítico e contestador da Contracultura, apontando que ela foi apenas um subproduto da sociedade de consumo avançada que necessitava estimular o individualismo, o hedonismo (busca do prazer a qualquer custo) e a distinção social através de um "*ethos* do dissenso", com foco no inconformismo da juventude.

Existem autores que preferem nem usar mais o termo "Contracultura", como expressão de uma recusa total da sociedade vigente – o *establishment* – por parte da juventude, optando por falar em "subculturas juvenis", que, segundo eles, seriam dispersas e integradas à estrutura social e econômica do capitalismo.

Em que pese a importância acadêmica deste debate em torno do conceito de "Contracultura", para não recairmos em uma visão ingênua e acrítica desse fenômeno histórico, é preciso balancear os elementos de dissenso e contestação da busca por novas subjetividades e direitos com as contradições e com o processo de incorporação e neutralização pelo qual a rebeldia individual acabava sendo absorvida pelo sistema capitalista.

MODA, MOVIMENTO CULTURAL E ESTILO DE VIDA

O musical *Hair*, que estreou em Nova York em outubro de 1967, popularizou ainda mais a cultura *hippie*, transformando em espetáculo a trajetória de um jovem que encontra abrigo em uma comunidade *hippie* para escapar da Guerra do Vietnã.

O ano de 1968 foi marcado pela incorporação da estética *hippie* na moda hegemônica entre os jovens, ainda que muitos deles só aderissem à estética e não rompessem totalmente com suas famílias, escolas e outras obrigações civis. As indústrias da moda, da publicidade e do comportamento incorporaram o visual colorido "unissex" (que serviria para homens e mulheres), os cabelos e barbas longas, as gírias próprias, transformando o jovem *hippie* em uma espécie de imagem padrão da juventude ocidental até meados dos anos 1970.

Muitos jovens de classe média oriundos de cidades do interior dos Estados Unidos, marcadamente conservadoras e religiosas, efetivamente "caíram fora" das suas vidas cotidianas e domésticas, colocaram o pé na estrada e adotaram o estilo de vida comunitário. Em 1968, a imprensa americana calculava que cerca de 400 mil jovens tinham aderido ao movimento *hippie*, vagando pelas cidades, ocupando espaços urbanos desvalorizados pela especulação imobiliária, mas também fundando comunidades alternativas, principalmente no campo, para viver de agricultura orgânica e artesanato, ou seja, atividades que não dependiam da produção e consumo massivo e industrializado.

As viagens, em sentido literal do termo, foram fundamentais para a Contracultura *hippie*. Milhares de jovens, sobretudo da América do Norte e da Europa, e em menor quantidade da América do Sul, "caíram na estrada". A mochila e o *sleeping bag* se tornaram assessórios simbólicos desse novo nomadismo e de um turismo que recuperava o sentido das "viagens filosóficas" dos românticos e iluministas dos séculos XVIII e XIX. O "turismo *hippie*" era uma mistura de busca de experiências culturais, sociais e humanas alternativas por parte de jovens de classe média para além de um cotidiano marcado por obrigações diversas, dentro do espírito *on the road* dos antigos românticos e dos modernos *beatniks*. O desafio era viajar de maneira despojada, ficar em hotéis baratos, comer a comida local, usar transportes coletivos ou pegar carona. Esse ideal de ampliação de horizontes culturais e de levar, ainda que durante um curto tempo, uma vida errante era considerada a antítese das "sociedades administradas" do capitalismo, seu conforto material e seu cotidiano regrado. Para muitos jovens, essas viagens seriam experiências formativas, rituais de passagem para a vida adulta, mas para muitos outros se tornariam um estilo de vida permanente, nômade.

O *grand tour* contracultural consagrou algumas rotas e lugares, como Marrocos, Nepal, Índia, México. Uma rota, em especial, ficou conhecida como "trilha *hippie*": começava na Europa Ocidental e passava pelo Oriente Médio, terminando em Bangkok, na Tailândia. Cidades como Marrakesh e Katmandu se tornaram referências para as viagens geográficas e espirituais da geração *hippie*.

Ao longo da "trilha *hippie*", o viajante buscava acesso a experiências místicas, sobretudo no Nepal e na Índia, em contato direto com os gurus e sacerdotes locais, ampliando o culto ao "orientalismo" já presente na geração *beat* como antítese do Ocidente capitalista e racional. As experiências alucinógenas com drogas faziam parte do trajeto, transformando a viagem física e geográfica em "viagem" mental. A "trilha *hippie*" entraria em decadência no final dos anos 1970, com o fechamento das fronteiras do Irã e do Afeganistão, devido à Revolução Iraniana e à invasão soviética no segundo país, além do crescimento da violência contra os viajantes *hippies*, cujo maior exemplo foi a atuação do *serial killer* Charles Sobhraj, que, entre os anos 1960 e 1970, assaltou e matou cerca de 30 jovens viajantes europeus e americanos na Ásia.

Na América do Sul, o *grand tour* da geração contracultural, além das praias desertas e serras do interior do Brasil, incluía regiões isoladas do planalto andino, na Bolívia e no Peru. Uma das rotas saía do Brasil utilizando o "trem da morte", tal como era chamado pelos próprios viajantes um trem precário, vagaroso e superlotado que partia do interior de São Paulo, seguia por vários dias até chegar a Santa Cruz de La Sierra; depois, os viajantes continuavam de ônibus por sinuosas estradas andinas, até chegar a Cuzco, antiga capital do Império Inca.

Os grandes festivais de música

Um festival de música realizado na Califórnia foi o ato inaugural do "Verão do Amor" em 1967. O *Monterey Pop Festival* reuniu em junho daquele ano mais de 200 mil jovens na plateia e apresentou nomes que se tornariam lendários na história do rock, como The Mamas and the Papas, The Who, Janis Joplin, Otis Redding, Jimi Hendrix, The Animals, além do músico indiano Ravi Shankar.

O festival mesclava músicos americanos e ingleses e sinalizava o reencontro do rock com o blues, com uma sonoridade mais amplificada, eletrificada e distorcida. A apresentação de Redding popularizou o soul e o blues negros para a audiência branca e jovem. A música pop americana voltava a reencontrar suas raízes negras e a energia sensorial perdida depois da repressão ao rock 'n' roll em fins dos anos 1950 e da febre de baladinhas, ritmos quadrados e canções melosas que se seguiu. Além disso, o *Monterey Pop* inaugurou a era dos grandes festivais de pop rock que marcaram a Contracultura, como o mais famoso deles, o de Woodstock.

Realizado em uma fazenda perto da cidade de Bethel, estado de Nova York, este grande festival musical da Contracultura prometia três dias de "Paz, amor e música" e teve a presença de 500 mil pessoas. Embora tenha sido concebido como um show comercial, ao contrário do *Monterey Pop*, que foi gratuito e beneficente, o Festival de Woodstock acabou se tornando gratuito para milhares de pessoas que afluíram à fazenda em número muito acima do esperado pelos organizadores, em torno de 50 mil. Como era impossível controlar as entradas e cercar toda a extensão da área, o afluxo de milhares de jovens inesperados provocou caos e reações adversas na pequena cidade próxima à fazenda, com enormes congestionamentos, falta de comida e de abrigos. Ao longo do festival, 32 artistas solo e bandas se apresentaram em shows que se tornariam antológicos e que foram gravados em álbuns fonográficos e registrados em um documentário que correria o mundo. Todas as "tribos musicais" estavam presentes. As grandes bandas psicodélicas estavam lá, como Jefferson Airplane e The Grateful Dead. Ravi Shankar tocou sua cítara, dando o toque de orientalismo ao festival, que, aliás, foi aberto com um discurso do guru indiano Swami Satchidananda. A faceta politizada da Contracultura se fez presente com Joan Baez, que apresentou canções engajadas que faziam muito sucesso nos *campi* universitários. O blues rock marcou as apresentações de Janis Joplin, Joe Cocker e da banda Creedence Clearwater Revival. O mexicano Carlos Santana e sua banda apresentaram a fusão entre os ritmos latinos e o rock. O Festival foi encerrado com a apresentação de Jimi Hendrix, o grande virtuose da guitarra elétrica, que praticamente reinventou a sonoridade deste instrumento. Em sua performance, Hendrix "desconstruiu" o hino nacional americano, conhecido como "Star-Spangled Banner", distorcendo e amplificando ao máximo os sons de sua guitarra, e imitando o som sibilino de bombas caindo de aviões, interpretado como uma alusão à Guerra do Vietnã.

Os *hippies* e *freaks* ("doidões") tomavam conta também do Velho Continente. O Festival da Ilha de Wight, realizado na costa inglesa, reuniu músicos e fãs dentro do mesmo espírito contracultural. Em 1968, o evento contou com pouco mais de 10 mil pessoas, mas, influenciadas por Woodstock, as versões de 1969 e 1970 atraíram mais de 300 mil pessoas.

Tentando recriar o sucesso e o impacto positivo de Woodstock, a Califórnia, matriz da cultura *hippie*, quis organizar o seu grande festival musical. O local escolhido foi um autódromo em Altamont, perto de São Francisco. Em dezembro de 1969, grandes bandas se apresentaram neste "Woodstock californiano", como Jefferson Airplane, Crosby, Stills, Nash & Young e os Rolling Stones, que, depois dos Beatles, eram então considerados "a maior banda de rock do mundo". A organização do festival teve muitos problemas, mudou o local do evento várias vezes. A polícia de São Francisco, em guerra com os *hippies* naquele momento, ficou deliberadamente ausente do apoio ao evento. O palco, inicialmente projetado para ficar no alto de uma colina, acabou instalado, por causa da mudança repentina da sede do Festival, na parte mais baixa de um declive, correndo o risco de ser facilmente invadido pela multidão frenética e excitada pela presença dos seus ídolos. Esse era o maior temor dos Rolling Stones, que acabaram contratando como seus seguranças, em troca de cerveja gratuita, os Hell's Angels, uma gangue de motociclistas frequentemente envolvida em brigas e tumultos. Para manter as pessoas longe do palco, os Angels não hesitaram em ser truculentos, e um dos seus membros acabou matando um jovem estudante a facadas durante a apresentação dos Stones. Além disso, mais quatro pessoas morreram de forma acidental (acidentes diversos, overdose de drogas), e outras tantas ficaram feridas em brigas generalizadas, colocando em xeque o ideal de "paz e amor" que inspirava os eventos musicais da Contracultura.

Montrose Patriot, s. d.

Mark Goff, 15 ago. 1969

Cartaz oficial do Festival de Woodstock à esquerda.
À direita, foto do evento no dia 15 de agosto de 1969, mostrando o clima de improviso imposto pelo afluxo de pessoas, muito maior do que o esperado pelos organizadores.
Acima, a Kombi, símbolo da vida estradeira e do estilo psicodélico da geração *hippie*.

Em 1970, a Contracultura *hippie* parecia entrar em um anticlímax, tão bem definido pela frase de John Lennon proferida quando os Beatles anunciaram sua dissolução: "O sonho acabou". Nosso grande compositor Gilberto Gil, também um dos filhos da Contracultura, complementou: "O sonho acabou, e quem não dormiu no *sleeping bag*, nem sequer sonhou".

O LADO ESCURO DO SOL: VIOLÊNCIA E DISTOPIA

O estilo de vida *hippie* também atraiu sociopatas e desajustados de sempre, que estavam mais preocupados em não ter limites morais ou comportamentais, sem compromisso de nenhum tipo em "mudar a sociedade". Depois da boa aceitação inicial do movimento *hippie* pela mídia, algumas matérias jornalísticas começaram a chamar a atenção para os excessos e perigos do estilo de vida que estava seduzindo milhares de jovens mal saídos da adolescência. Em outubro de 1967, a trágica morte de dois jovens brancos – Linda Fitzpatrick e James Hutchinson – no East Village de Nova York teve grande impacto na opinião pública, reforçando os argumentos conservadores. Os corpos do casal foram encontrados no porão de um prédio decadente, com os rostos desfigurados por espancamento. A garota vinha de uma família abastada e sonhava em ser artista, e o rapaz tinha um histórico de pobreza, rebeldia e tráfico de drogas. Ambos vinham do interior e encontraram no movimento *hippie* um espaço de acolhimento, mas também de transgressão. Se para Linda, "cair na estrada" era uma escolha ligada à "rebeldia da idade", para James era uma imposição de uma vida desde sempre sem perspectivas. Seus assassinos eram outros dois jovens, negros, e os assassinatos, conforme a imprensa, foram produto de uma festa regada a LSD que degenerou em agressão sexual e violência. Entre as causas mais profundas estavam tensões inter-raciais e sociais que explodiam de tempos em tempos na disputa por espaços degradados nas cidades, para onde os *hippies*, quase todos brancos, afluíam em massa, convivendo com outros, mas também ocupando o lugar de populações marginalizadas. Em outubro de 1967, o *Village Voice* publicou uma crônica amarga sobre o duplo assassinato, colocando em xeque a utopia *hippie*: "A criança das flores, agora uma veterana da violência, está endurecendo. Esperávamos mais alguma coisa?

Há muito tempo somos informados de que a maneira mais lógica de lidar com a cultura da pobreza é a psicose. Ousamos exigir sanidade do *lumpen-hippie*?"

Apesar da repercussão dessas mortes trágicas, o movimento *hippie* ainda se expandia pelos Estados Unidos e pelo mundo, englobando os "*hippies* de meio expediente", jovens socialmente enquadrados, com emprego regular e vida social normativa, mas que utilizavam as indumentárias e assumiam o maneirismo *hippie*, sem um efetivo compromisso com o "*drop out*", ou "cair fora" do sistema. Mas no final de 1969, na sequência dos conflitos no Festival de Altamont, eventos ainda mais chocantes iriam mostrar ao mundo o lado B da utopia *hippie* e da Contracultura.

Nas noites de 9 e 10 de agosto de 1969, em duas casas diferentes de Los Angeles, cinco amigos e um casal de meia-idade foram assassinados com extrema crueldade. As vítimas foram mortas a tiros, golpes e facadas, e o sangue delas foi utilizado para escrever mensagens nas paredes. Entre essas mensagens, havia a expressão "*Helter Skelter*", título de uma canção dos Beatles que pode ser traduzido como "confusão total". Entre as vítimas, estava a jovem atriz Sharon Tate, esposa do diretor de cinema Roman Polanski, grávida de oito meses. Os crimes pareciam ter sido praticados por ladrões ou psicopatas, e inicialmente não foram relacionados a "jovens rebeldes". Mas no final do ano, uma jovem *hippie*, membro de uma comunidade conhecida como Família Manson, presa por roubo de automóveis, comentou sobre sua participação no duplo crime para suas colegas de cela, orgulhosa de si mesma por ter feito parte de um evento com tanta repercussão, que deixara a polícia desorientada. As colegas de cela, chocadas com a violência gratuita, a denunciaram e, a partir de então, a verdade sobre a autoria e motivação dos assassinatos veio à tona.

A Família Manson era uma mistura de seita mística com comunidade *hippie* liderada por Charles Manson, um sujeito desajustado e emocionalmente perturbado, que desde os 12 anos tinha sido preso várias vezes. Em 1967, ao sair da prisão, aderiu à onda *hippie* e seu carisma e egocentrismo logo atraiu outros tantos jovens insatisfeitos e em crise de valores com as famílias tradicionais, que passaram a viver em sua comunidade. Além da cartilha *hippie* do amor livre e uso de LSD, o grupo passou a praticar pequenos delitos, como roubos de lojas e carros, comércio de drogas e furtos. Manson se dizia um profeta do novo mundo e um gênio artístico criador, e assim era visto pelos seus seguidores. Mas conforme as crônicas da época, ao ser rejeitado por um produtor musical, liberou toda sua raiva contra a sociedade, que, supostamente, não lhe dava a devida atenção. Seus ressentimentos pessoais se misturaram a uma visão apocalíptica do mundo que previa uma guerra racial entre negros e brancos. Apaixonado pelos Beatles, Manson até escolheu um nome para esse apocalipse social e racial: *Helter Skelter*. As mesmas palavras escritas em sangue nas paredes das casas onde estavam suas vítimas.

A prisão dos membros da gangue e os julgamentos posteriores revelaram o seu grau de confusão mental e desajuste social, explorado pela imprensa mais conservadora e sensacionalista como uma "consequência natural" dos excessos da Contracultura e a face obscura do movimento *hippie*. Não faltaram alusões a rituais satânicos e insinuações de que as vítimas estariam envolvidas com o comércio de drogas. Ao fim, a versão mais aceita foi a de que a Família Manson quis incriminar negros de Los Angeles como os assassinos de pessoas ricas da cidade e, com isso, provocar o caos para destruir "o sistema" e recriá-lo à sua imagem e semelhança.

Velhos problemas do "sistema", questões presentes ao longo da história dos Estados Unidos – ligadas a racismo, compulsividade na busca do prazer e sucesso, neuroses diversas, fanatismo religioso, criminalidade, delinquência juvenil, famílias disfuncionais – entravam pelas portas do fundo da utopia Contracultural, como demonstraram os eventos de Altamont e os assassinatos perpetrados pela Família Manson. Contudo, tais acontecimentos, entre vários outros deploráveis, não devem ser pensados como o fracasso completo do ideal de paz e amor ou anular as conquistas libertárias dos anos 1960, ainda que revelem alguns dos seus limites e contradições. Talvez, a maior lição desses eventos seja a de que não basta adotar a performance, a estética, as indumentárias e os cabelos longos para realizar uma utopia social transformadora. É preciso pensar e repensar, constantemente, seu conteúdo e procurar manter a coerência entre ideias e práticas.

De todo modo, o assassinato de Sharon Tate e seus amigos serviu para alimentar os preconceitos existentes e aumentar a ofensiva conservadora contra os *hippies* e contra a Contracultura jovem em geral. No mesmo contexto, em setembro de 1969, houve o famoso julgamento dos "8 de Chicago", assim chamado em alusão aos líderes de um protesto ocorrido durante a Convenção do Partido Democrático que degenerou em violência. No banco dos réus: jovens politizados do SDS, doidões do YIP, *hippies* pacifistas e um membro dos Panteras Negras. Simbolicamente, era o sistema julgando a Contracultura.

A trágica sequência final do icônico filme *Sem destino* (*Easy rider*, Dennis Hopper, 1969) parece ser a metáfora perfeita da reação conservadora violenta contra a utopia *hippie*: uma caminhonete com dois brancos interioranos, expressão da "América profunda", propositalmente se chocando com os dois motoqueiros *hippies* pacifistas e libertários. Nessa época, a escritora Susan Sontag chegou a diagnosticar o triunfo do que chamou de "psicose nacional" americana (baseada no moralismo e no culto à violência para afirmação pessoal e coletiva) sobre as utopias *hippies*.

Podemos dizer, contudo, que apesar da reação do *establishment* conservador e do colapso do pacifismo utópico *hippie* a América nunca mais seria a mesma. A Velha Europa, sempre ciosa de suas tradições centenárias, tampouco ficaria imune à contestação da juventude dos anos 1960.

LEITURAS COMPLEMENTARES

FERREIRA, Neliane M. "Paz e Amor na Era de Aquário: a Contracultura nos Estados Unidos". *Cadernos de Pesquisa do CDHIS*, n. 33, número especial de 2005.

FRIEDLANDER, Paul. *Rock 'n' roll:* uma história social. Rio de Janeiro: Record, 2002.

MERHEB, Rodrigo. *O som da revolução*: uma história cultural do rock (1965-1969). Rio de Janeiro: Civilização Brasileira, 2012.

ROSZAK, Theodore. *A contracultura*: reflexões sobre a sociedade tecnocrática e a oposição juvenil. 2. ed. Petrópolis: Vozes, 1972.

SUGESTÃO DE OBRAS DE FICÇÃO, BIOGRAFIAS E LIVROS DE MEMÓRIAS

ALI, Tariq. *O poder das barricadas*: uma autobiografia dos anos 60. São Paulo: Boitempo, 2008.
Memórias e textos críticos sobre diversos eventos de rebeldia política e cultural dos anos 1960.

SUGESTÃO DE FILMES DE FICÇÃO E DOCUMENTÁRIOS

Sem destino (*Easy Rider*). Dir.: Dennis Hopper, EUA, 1969.

Clássico do cinema independente e autoral, retrata dois *hippies* pacifistas que percorrem os Estados Unidos em suas motos, mas não conseguem ser aceitos pelas comunidades locais.

Hair. Dir.: Miloš Forman, EUA, 1979.

Melodrama musical inspirado no grande sucesso da Broadway, sobre um jovem que é convocado para ir ao Vietnã, mas acaba se envolvendo com uma comunidade *hippie*.

Jesus Cristo Superstar (*Jesus Christ Superstar*). Dir.: Norman Jewison, EUA, 1973.

Espetáculo musical que retrata a vida de Jesus Cristo a partir da perspectiva "Paz e Amor" da cultura *hippie* e jovem dos anos 1970.

Gimme Shelter. Dir.: Albert Maysles, David Maysles, Charlotte Zwerin, EUA, 1970.

Documentário sobre o Festival de Altamont, examinando os acontecimentos que entraram para a História como o prenúncio da crise da utopia contracultural comunitária.

Woodstock, 3 dias de paz, amor e música (*Woodstock*). Dir.: Michael Wadleigh, EUA, 1970.

Registro em documentário musical e comportamental do mais famoso festival de música da Contracultura e suas performances musicais icônicas, que não se exime de um olhar crítico sobre as contradições do evento.

O grande tumulto: a Velha Europa e a nova juventude

A frase "Não confie em ninguém com mais de 30 anos" ganhou um significado muito peculiar na Europa. Na década de 1960, os principais países europeus ainda viviam os traumas do nazifascismo e a crise do colonialismo. E continuavam a sustentar tradições culturais centenárias que pautavam as identidades dominantes no continente. Mesmo em democracias liberais, como Inglaterra, Itália, França e Alemanha Ocidental, apesar de todos os abalos causados pelas vanguardas artísticas do início do século XX, o peso da tradição era muito grande na vida escolar, universitária e cultural. Na maior parte das centenárias universidades europeias, as hierarquias entre professores e alunos eram muito rígidas e os currículos estavam pouco abertos à modernização temática e teórica. Protocolos de comportamento e regras disciplinares estavam em descompasso com os novos anseios dos estudantes.

Além disso, a reconstrução política e econômica do continente europeu no pós-Guerra havia sido feita a partir de um certo apagamento do passado incômodo de apoio e colaboração com o nazifascismo por parte de muitos grupos e indivíduos que passaram a ocupar posições de influência econômica e política. Na Alemanha e na Itália, por exemplo, muitos antigos membros dos então extintos partido nazista alemão e regime fascista italiano exerciam cargos importantes na administração, na polícia e nos governos. Boa parte dos países do continente ainda vivia sob ditaduras, regimes de partido único conforme o modelo socialista soviético no Leste Europeu ou governos pró-capitalistas de linhagem fascista, como na Espanha e em Portugal.

Apesar do crescimento econômico acelerado dos países capitalistas da Europa Ocidental, que possibilitou a melhoria das condições de vida para o operariado e para a classe média, as sociedades europeias ainda conviviam com a desigualdade social. E nesse contexto havia uma forte atuação de sindicatos e de partidos de esquerda de matriz socialista ou comunista organizando-se em busca de alterar essa situação.

Todas essas questões passaram a ser encaradas, na década de 1960, pela juventude europeia nascida nos anos 1940, que não se via representada na cultura, na política ou nos rígidos padrões da época. As elites europeias defendiam modelos marcados pelo decoro dos gestos, pela polidez extrema, por hierarquias familiares rigorosas calcadas no patriarcalismo e na moral cristã, pelo culto acrítico a tradições eruditas e letradas de forte carga nacionalista.

De outra parte, a Europa também era o epicentro de determinados legados contestadores, como o movimento socialista e operário e as vanguardas artísticas, que acabaram sendo apropriados pela nova juventude que se configurava no pós-Segunda Guerra.

Como vimos, o existencialismo filosófico francês já tinha sido um sintoma da insatisfação jovem com as tradições, filosóficas, políticas e morais. Mas a chegada da Contracultura, que cruzou o oceano Atlântico vinda dos Estados Unidos, forneceu novos padrões de rebeldia e comportamento juvenil.

SWINGING LONDON, A LONDRES VIBRANTE

Na segunda metade dos anos 1950, a Inglaterra foi porta de entrada da Europa para modas musicais e comportamentais vindas dos

Estados Unidos. Mas, a partir dessas influências iniciais, a juventude inglesa desenvolveu, nos anos 1960, uma Contracultura original, com características próprias.

Até meados dos anos 1950, os ingleses conviviam com privações econômicas, racionamento e poucas oportunidades de emprego para os jovens. A Segunda Guerra Mundial havia sido desastrosa para a economia inglesa, situação agravada pela independência da Índia em 1947, a lucrativa "joia da Coroa" do Império Britânico. Além disso, o padrão de vida das famílias inglesas era, historicamente, marcado por austeridade e regras morais muito rígidas. Assim, nos anos 1950, o jazz, o rock 'n' roll e a cultura *beatnik* representaram uma válvula de escape para muitos jovens ingleses cansados do cotidiano cheio de restrições e moralismos.

Na Inglaterra, a Contracultura foi adotada inicialmente, sobretudo, entre os jovens das cidades e bairros operários. A primeira subcultura jovem a surgir por lá foram os *teddy boys* e *teddy girls* que se vestiam elegantemente como *dandies* do século XIX e início do século XX, como forma de rejeição à austeridade do Pós-Guerra. Mesmo sendo da classe trabalhadora e das classes médias baixas, a extravagância nas vestimentas era uma forma simbólica de se diferenciar dos mais velhos e ironizar as barreiras de classe se apropriando de uma moda originalmente aristocrata: saíam às ruas usando casacos longos, lenços ou gravatas, calças estreitas e curtas. Seu estilo musical favorito era o rockabilly, um tipo de rock 'n' roll influenciado pela música country americana, muito semelhante ao que fez sucesso nos Estados Unidos com Bill Haley.

Ainda nos anos 1950, surgiram duas outras tendências juvenis, os *mods* e os *rockers*, que dividiram, literalmente, a juventude inglesa em duas "tribos urbanas", subculturas juvenis que faziam de tudo para se distinguir uma da outra, dando uma forma exterior nos gestos, vestimentas e cabelos para diferenças de gosto e de origem social.

Os *rockers* se vestiam com jaquetas de couro e adotaram o rock 'n' roll e o rockabilly (variação country do rock) branco dos Estados Unidos como seus estilos musicais preferidos, tendo como ídolos Elvis Presley, Bill Haley, Buddy Holly e Gene Vincent. Já os *mods* (abreviação de *moderns* ou modernos) ouviam jazz bebop e música negra, como o ska (ritmo de origem caribenha) e o rhythm'n blues. Suas roupas eram mais extravagantes, com o uso frequente de ternos e gravata ou jaquetas mais largas.

Enquanto a principal base social dos *rockers* era a classe operária, os *mods* vinham, predominantemente, da classe média baixa, e isso se refletia também nos gestos e posturas corporais: os *rockers* eram mais "crus" e truculentos ao expor sua masculinidade, enquanto os *mods* eram mais sutis e irreverentes. Os primeiros gostavam de motos e carrões potentes, os segundos preferiam as "lambretas" (conhecida como *scooters*). *Rockers* preferiam bebidas alcoólicas, *mods* eram mais abertos às experiências com drogas, como maconha (*cannabis*) e anfetaminas. Ambas as "tribos" atualizaram, dentro do contexto de emergência da Contracultura europeia, a cultura de gangues juvenis disputando territórios urbanos. Brigas entre membros das duas "tribos" eram frequentes em várias cidades inglesas, sempre amplificadas pela imprensa sensacionalista, gerando a versão inglesa do "pânico moral" americano causado pelo rock 'n' roll entre os pais e autoridades públicas.

Embora ambas as subculturas tenham tido importância cultural e musical na cena contracultural inglesa, podemos dizer que o estilo *mod* predominaria ao longo dos anos 1960, propiciando uma renovação na música pop inglesa e também mundial a partir dos Beatles, The Who e Rolling Stones, bandas que enriqueceram a tradição musical do rock 'n' roll sem rejeitar as suas raízes na cultura negra estadunidense. No começo daquela década, com mais acesso a gravações dos músicos negros dos Estados Unidos do que os próprios jovens brancos americanos, já que na Inglaterra não havia a divisão racial que marcava o mercado musical americano, os jovens brancos ingleses adotaram o blues e o rhythm'n blues como "sua" música. A banda Blues Incorporated foi a pioneira dessa onda, influenciando toda uma geração de músicos e bandas inglesas posteriores, como os Bluesbreakers e o grupo Cream. A banda Yardbirds, inspirada pelos *bluesmen* negros americanos, foi celeiro de guitarristas que se tornariam lendários, como Eric Clapton, Jimmy Page e Jeff Beck, fundindo as raízes do blues com experimentações musicais de estúdio e abrindo o rock para o virtuosismo da música instrumental.

O blues *revival* e a cultura rock 'n' roll na Inglaterra criariam uma cena renovada para o pop rock como um todo, mostrando-se mais criativa e mais aberta a inovações do que o pop que então vigorava do outro lado do continente, dominado por baladinhas padronizadas, letras pueris e ritmos mais quadrados. Menos padronizado, o rock britânico permitiu a criação de sonoridades e temas poéticos inovadores, como "autoexpressão" das angústias e expectativas da juventude, como a busca de liberdade sexual e existencial, a experiência mística, os conflitos sociais. Nesse formato, o rock cruzaria de volta o oceano Atlântico, encontrando a América agitada pelo Movimento dos Direitos Civis e pela gênese da Contracultura, na chamada "invasão britânica".

Essa "invasão" foi notável depois de 1964, quando os Beatles e os Rolling Stones tornaram-se muito populares e "estouraram nas paradas de sucesso" dos Estados Unidos. Além deles, bandas inglesas como The Who, Herman's Hermits, The Animals, The Kinks também caíram no gosto dos jovens americanos, abrindo caminho no mercado para o rock britânico a partir daí.

A banda The Animals, por exemplo, incorporava a tradição do blues e do folk rock norte-americano para expressar a exclusão social sob o ângulo específico da juventude em um dos seus grandes sucessos, "We gotta get out of this place" (1965), interpretado na voz grave do vocalista Eric Burdon (tradução nossa):

Nessa parte suja e velha da cidade	In this dirty old part of the city
Onde o sol não brilha	Where the sun refuse to shine
As pessoas me dizem que não adianta nem tentar	People tell me there ain't no use in trying
Agora, minha garota, você está tão jovem e bonita	Now my girl you're so young and pretty
Mas uma coisa sei, é verdade	And one thing I know is true
Você estará morta antes da sua hora chegar	You'll be dead before your time is due
[...]	[...]
Veja meu pai na cama cansado	Watch my daddy in bed and tired
Veja seu cabelo ficando grisalho	Watch his hair been turning gray
[...]	[...]
Ele tem trabalhado tão duro	He's been working so hard
Eu tenho trabalhado também	I've been working too babe
Temos que sair deste lugar	We gotta get out of this place

Um dos primeiros sucessos do The Who, "My generation" (1965), era uma espécie de manifesto em defesa de um novo estilo de vida "jovem" (tradução nossa):

As pessoas tentam nos colocar para baixo	People try to put us down
(Falando sobre minha geração)	(Talkin' 'bout my generation)
Só porque nós perambulamos por aí	Just because we get around
(Falando sobre minha geração)	(Talkin' 'bout my generation)
As coisas que eles fazem parecem terrivelmente chatas	Things they do look awful cold
(Falando sobre minha geração)	(Talkin' 'bout my generation)
Espero morrer antes de envelhecer	Hope I die before I get old
(Falando sobre minha geração)	(Talkin' 'bout my generation)

A "invasão britânica" acabaria por renovar o próprio rock estadunidense, revalorizando o blues e o rhythm'n blues como raízes fundamentais do gênero, incentivando o surgimento de composições mais sofisticadas e menos padronizadas, com temáticas menos pueris. Além disso, ajudaria a abolir finalmente a segregação racial no consumo de música jovem nos Estados Unidos. A partir de 1966, a mistura racial na cena musical americana abriria espaço para o sucesso da chamada black music, do R&B e da soul music patrocinado pela gravadora Motown, com músicas compostas e cantadas por artistas negros.

Entre os "invasores", os Beatles acabariam sendo um fenômeno cultural que extrapolou a cena musical, influenciando a moda, o comportamento, o cinema, renovando o jornalismo musical em escala nunca vista antes. Nos anos 1960, a banda originária de Liverpool foi consagrada pelo público e pela crítica, algo sempre difícil de acontecer ao mesmo tempo, atingindo níveis de fama nunca vistos. Em uma trajetória artística que durou pouco mais de 8 anos, desde o primeiro até o último álbum, os Beatles incorporaram em suas obras a poesia *beat*, o misticismo oriental, sonoridades experimentais de vanguarda erudita, a psicodelia *hippie* e a música de protesto, expandindo as possibilidades estéticas do pop rock. As gravações de estúdio desse gênero ficaram então mais sofisticadas, artística e tecnicamente falando. Quando estavam no auge da fama, os Beatles se retiraram por meses para gravar o álbum *Sgt. Pepper's Lonely Hearts Club Band*, lançado em junho de 1967, considerado pelos estudiosos o mais influente disco de música popular do século XX. Para muitos, essa banda representa a síntese da Contracultura dos anos 1960. A frase "O sonho acabou", dita por John Lennon em 1970 quando a banda se dissolveu, como dissemos, se tornaria um marco sinalizador do fim das utopias acalentadas pela Contracultura até então.

Mas antes de o sonho acabar, a velha Inglaterra viveu dias de glória juvenil, influenciando a Contracultura em todo o mundo. Na segunda metade da década de 1960, mesclando o estilo *mod* à influência *hippie*, surgiu a *Swinging London*, a "Londres Vibrante", como passou a ser chamada a cidade que tinha se tornado uma das capitais mundiais da moda, da música e das artes. Jovens de toda Inglaterra e de outras partes do mundo buscavam na antiga, sisuda e cinzenta capital imperial do Reino Unido inspiração para um estilo de vida alternativo e criativo. Surgiram várias comunidades de jovens vindos de outras cidades inglesas, em busca de um estilo de vida livre. O rock se misturou a outras vanguardas artísticas, sobretudo nas artes visuais. Os hábitos se tornaram mais irreverentes e as roupas, mais coloridas. Na "Londres Vibrante", por exemplo, foi lançada a minissaia, símbolo máximo da moda feminina e da revolução de costumes dos anos 1960 que defendia maior liberdade e autonomia para as mulheres.

Rádios "piratas" – como a Radio Caroline, a Swinging Radio England, a Radio London e a Radio 390 – disseminavam a música pop com sotaque inglês, pois, até 1967, a rádio oficial inglesa, a BBC, não transmitia música popular. Essas rádios clandestinas buscavam driblar as restrições que as gravadoras impunham à divulgação das músicas, além de transmitir informações não filtradas pela mídia corporativa ou pelas autoridades. Com o tempo, rádios piratas se disseminaram pelo mundo como forma de livre comunicação herdada da Contracultura até o crescimento da internet, nos anos 2000.

Nos anos 1970, o pop rock britânico continuaria fundamental para a música popular jovem, sendo um celeiro de talentos e novos subgêneros musicais como o rock progressivo, o heavy metal, o glitter rock. Grandes astros da música popular se formaram na cena musical britânica a partir do final dos anos 1960, para depois ganhar o mundo, como Elton John, David Bowie, as bandas Led Zeppelin, Genesis, Queen, Yes, Pink Floyd, Jethro Tull, entre outras. A maior sofisticação poética, melódica, harmônica e timbrística foi uma marca do rock britânico que dominou a música popular entre os anos 1960 e 1970.

No final da década de 1970, a Inglaterra foi o nascedouro do movimento *punk*, manifestação de uma juventude urbana empobrecida pela crise econômica dos anos 1970 que ressignificou a expressão de revolta contra o "sistema", defendendo o despojamento sonoro, a crueza poética, a agressividade visual, transformando a precariedade material e o acesso restrito à educação formal da juventude operária e suburbana em estilos de vida e expressão cultural. Os lemas *punks* "Faça você mesmo" e "*No future*" (Sem futuro) soaram com gritos potentes e se espalharam por todos os continentes, criando novas redes alternativas de cultura jovem.

Amsterdã, capital pioneira da Contracultura

Assim como na Inglaterra, na Holanda uma monarquia tradicional governava uma sociedade cada vez mais democrática, evidenciando importantes contradições sociais diante das novas gerações. E, igualmente como na Inglaterra, uma rejeição da austeridade da tradição religiosa protestante também levou jovens holandeses a protestar contra os padrões morais vigentes. Amsterdã, sua capital, já tinha traços de tolerância de costumes herdados dos anos 1950; a emergência do Movimento Provo (abreviação de "provocadores") em meados dos anos 1960, com seu radicalismo, testaria os limites dessa tolerância comportamental e política do sistema e da sociedade holandeses.

Os provos eram uma mistura de anarquistas, artistas de vanguarda e pacifistas que se encontraram no movimento contra as bombas nucleares. Ficaram conhecidos internacionalmente por seus protestos durante o casamento da princesa Beatriz com o nobre alemão Claus von Amsberg em 1966. Amsberg tinha sido membro das forças armadas nazistas e da Juventude Hitlerista, sua presença no coração da monarquia holandesa remetia aos horrores e violências da ocupação alemã no país. Durante a cerimônia, os provos lançaram uma "bomba de fumaça" contra a carruagem, desencadeando violenta reação policial. Eles também chegaram a organizar protestos contra a Guerra do Vietnã, o consumismo, a propriedade privada e a corrida nuclear da Guerra Fria. Defendiam ainda a liberdade comportamental, semelhante ao estilo de vida *hippie* e anticonvencional, em relação à moral familiar vigente.

Entre 1965 e 1967, os provos lançaram uma revista *underground*, que no começo era colocada clandestinamente dentro dos jornais conservadores vendidos em bancas. Em um dos seus números, publicaram um manifesto que sintetizava as ideias do movimento com as seguintes palavras: "Provo compreende que perderá no final, mas não pode perder a chance de fazer pelo menos uma última tentativa sincera de provocar a sociedade. Provo enxerga a anarquia como a fonte de inspiração para a resistência. Provo quer reviver a anarquia e ensiná-la ao jovem. Provo é uma imagem".

Os provos fizeram de Amsterdã um centro importante de Contracultura. Mesclando desobediência civil com intervenções públicas criativas e ousadas, chamadas de *happenings*, a "imagem provo" inspirou os *hippies* dos Estados Unidos e os estudantes anarquistas franceses do famoso "Maio de 68", embora ainda sejam menos conhecidos que estes nos livros de História. Nas ações de protesto do Movimento, o humor era um elemento central. Em certa ocasião, um boato alimentado pelos jornais do Movimento afirmava que os provos iriam jogar milhares de pílulas de LSD no sistema de água de Amsterdã. Apesar de ser, obviamente, uma piada, o boato mobilizou e preocupou a sociedade e as autoridades. Esse tipo de "trote" era um recurso comumente usado por eles para "provocar" o sistema.

Mas nem tudo era piada ou intervenção efêmera contra o sistema. Alguns membros do Movimento Provo conseguiram ser eleitos para o Parlamento holandês e lançaram vários programas alternativos de gestão pública, chamados de "Planos Brancos", em que propunham novas políticas de moradia social, controle da poluição atmosférica, segurança urbana, transporte público e saúde contraceptiva. O mais bem-sucedido desses planos foi a instalação de bicicletas comunitárias, sem dono, as chamadas "bicicletas brancas de Amsterdã". Mesmo com o fracasso dessa ação utópica, que durou poucas semanas até a última bicicleta ser roubada, a iniciativa chamou a atenção para a necessidade do transporte mais sustentável e para o alto grau de insegurança causado pelos acidentes de trânsito na Holanda, inspirando muitas ações posteriores.

Joost Evers / Anefo, 14 ago. 1965

Joost Evers / Anefo, 17 jul. 1966

O Movimento Provo, de Amsterdã, fundiu o modo de vida *hippie* com performances contra o "sistema". À direita, membro do grupo, Hans Tuynman, é arrastado por alguns agentes policiais durante uma manifestação, em 1966, contra a Guerra do Vietnã.

As mudanças na administração pública e no comando da polícia de Amsterdã no final dos anos 1960 esvaziaram o caráter *underground* e rebelde do Movimento, incorporando algumas de suas pautas nas políticas institucionais de governo. De todo modo, ele deixou marcas que mudariam Amsterdã, até hoje considerada a cidade mais tolerante do mundo em temas comportamentais. Não por acaso, Amsterdã foi escolhida para o inusitado protesto, em março de 1969, de John Lennon e Yoko Ono, que alugaram a suíte presidencial do Hotel Hilton de Amsterdã e ficaram uma semana na cama, de pijamas, enquanto recebiam a imprensa e outros ativistas, para protestar contra a Guerra do Vietnã. O protesto foi chamado de *Bed In*.

Paris 68

A mais famosa das revoltas estudantis ocorreu em Paris, durante o mês de maio de 1968. Embora tenha sido consagrada pela mídia, pela imprensa e pela própria historiografia como a quintessência da contestação jovem dos anos 1960, a revolta parisiense foi uma entre tantas outras, algumas até mais radicais do que as "barricadas do Quartier Latin", o bairro estudantil da cidade que foi o epicentro dos protestos. De todo modo, "Paris 68" se transformou na imagem da contestação e da revolução do "Poder Jovem".

Curiosamente, o ambiente universitário francês e a juventude francesa não eram os mais politizados daquele momento histórico, se compararmos com os Estados Unidos, a Itália ou mesmo a Alemanha e o Brasil. Contudo, a importância das universidades na vida intelectual e política francesa daria ao movimento estudantil uma visibilidade enorme.

Tudo começou com uma greve estudantil na Universidade de Nanterre, entre fevereiro e março, que focava tanto os padrões disciplinares e organizativos da universidade (como separação dos dormitórios entre mulheres e homens, exclusão dos estudantes das decisões administrativas, classes superlotadas) quanto questões políticas mais amplas (como o imperialismo e a Guerra do Vietnã, temas que, desde 1967, mobilizavam os estudantes franceses). Neste protesto, destacou-se a liderança do jovem Daniel Cohn-Bendit, ou Dany, *Le Rouge* (O Vermelho). Tentando desmobilizar os estudantes que ocupavam a parte administrativa, a direção fechou a Universidade de Nanterre, mas a medida surtiu efeito contrário. Para protestar contra a proposta de punição de Cohn-Bendit pelo Conselho Disciplinar, estudantes também ocuparam em massa a tradicional Universidade de Sorbonne no começo de maio, ampliando o movimento.

A desocupação da Sorbonne pela polícia e a prisão de 400 estudantes só agravaram a crise. A revolta estudantil, então, saiu dos prédios universitários e ganhou as ruas de Paris. No dia 3 de maio, o Quartier Latin se transformou em uma "praça de guerra". Os estudantes ocuparam as estreitas ruas do bairro, lugar de moradia e encontro da juventude estudantil, e organizaram barricadas com carros e pedras do pavimento, enfrentando a polícia que tentava liberar as ruas. A ordem de expulsão de Cohn-Bendit, que era judeu-alemão, incendiou ainda mais o movimento e espalhou a revolta estudantil por outras partes da França.

Eric Koch / Anefo, 21 maio 1968

Estudantes de extrema esquerda franceses se reúnem no pátio da Sorbonne decorado com retratos de Mao, Lênin e Marx, em 21 de maio de 1968.

Percebendo que aquele era um momento de fragilidade do governo, os sindicatos operários se aproximaram das organizações estudantis e engrossaram os protestos de rua, exigindo melhores salários. Entre 10 e 13 de maio, a violência policial recrudesceu. A crise política se agravou com a decretação da greve geral operária, cujos líderes mais radicais eram também jovens. Militantes da Nova Esquerda, intelectuais e artistas então se juntaram aos manifestantes. Na cabeça de todos, era o começo de uma nova, e mais radical, Revolução Francesa. A pauta de reivindicações também se ampliou, defendendo a ocupação das fábricas, a diminuição da jornada de trabalho (que chegava a 50 horas por semana), o aumento de salário, a democratização das administrações das empresas, a mudança de governo. O governo francês era ocupado, desde o fim dos anos 1950, pelo general Charles de Gaulle, um herói da resistência contra os nazistas na Segunda Guerra, mas que tinha um estilo centralista e conservador. Ele era visto pelos jovens intelectuais e estudantes como a expressão da França tradicional, colonialista, conservadora, católica e elitista. Para os grupos mais radicais, a revolta estudantil era também o início de um processo revolucionário que culminaria na implantação do socialismo e no fim da propriedade privada.

Mas, no final do mês de maio, o governo francês e os sindicatos operários assinaram o Acordo de Grenelle, que garantia aumento de 35% no salário mínimo e 10% nos outros tipos de salário. Com isso, aos poucos, a greve operária se esvaziou. A militância operária jovem, que compunha a liderança mais radical dentre os grevistas, queria continuar a greve para aumentar os ganhos e implantar o socialismo, ao contrário dos pragmáticos líderes sindicais, que aceitaram prontamente o acordo. O *slogan* "Trabalhador, você tem 25 anos, mas seu sindicato é de outro século" sintetizava a tensão entre a juventude operária e os líderes dos sindicatos, mas estes eram muito mais influentes junto à massa trabalhadora.

Sem a massa operária, que voltou ao trabalho depois do acordo, os protestos perderam impacto na França e ficaram muito reduzidos aos estudantes mais radicais.

A juventude ocidental e as Revoluções do Terceiro Mundo

Revoluções ocorridas no Terceiro Mundo ao longo dos anos 1960 – seja para superar a dependência econômica dos países mais ricos, seja para libertar-se das metrópoles coloniais – acabaram influenciando a juventude dos principais países capitalistas. As revoluções Cubana e Argelina, além da Guerra do Vietnã, foram fontes de inspiração, sobretudo, para jovens revolucionários europeus e latino-americanos, que se apropriaram dos seus símbolos para criticar o sistema político e a sociedade dos seus próprios países em movimentos que ficariam conhecidos como parte da Nova Esquerda. Eles viam os combates do Terceiro Mundo como inovadores ao combinarem a tradição de luta socialista revolucionária com a luta anticolonial e antirracista protagonizadas por jovens não brancos. Nas Revoluções Cubana e Argelina, as formas organizativas dos rebeldes se diferenciavam da atuação dos velhos partidos comunistas, o que era considerado muito atraente, pois, naquele momento histórico, os partidos comunistas ou eram parte do sistema partidário oficial da Europa Ocidental ou estavam à frente de ditaduras autoritárias no Leste Europeu submetidas a "burocratas de Moscou". Seus membros eram acusados pelos jovens revolucionários da Nova Esquerda de trabalharem mais pelos interesses geopolíticos da União Soviética do que pela expansão da revolução socialista mundo afora. Argelinos e cubanos revolucionários, assim como os vietnamitas que então lutavam contra os Estados Unidos, eram tidos como exemplos de grande participação popular a partir de uma causa justa, a superação da exploração colonial.

Algumas figuras foram transformadas em heróis, seus retratos eram presença constante nos protestos de "Maio de 68" em Paris e em outros pelo mundo. Patrice Lumumba, um dos líderes da luta anticolonial africana, morreu tragicamente depois de ser aprisionado por inimigos com apoio de tropas belgas (antiga metrópole do Congo que tentava manter a influência na região) e da CIA. Ho Chi Minh, apesar de sua idade avançada (nascido em 1890), era um dos poucos líderes políticos com mais de 30 anos em que os jovens da Nova Esquerda confiavam, abrindo uma exceção para a máxima contracultural do "Poder Jovem". Che Guevara, jovem médico argentino que se juntara aos revolucionários cubanos, encarnava o ideal do "guerrilheiro heroico" dos anos 1960, com sua fotogenia jovem, seus discursos humanistas e sua energia revolucionária que parecia inabalável – lutou na África e nas selvas bolivianas, onde morreu em outubro de 1967. Sua morte foi impactante, mas não diminuiu seu caráter quase mítico para a juventude da Nova Esquerda.

Uma das leituras da moda era o *Livro Vermelho*, com citações de Mao Tsé-tung, líder da Revolução Chinesa que impôs o socialismo na China em 1949. Em 1966, o próprio Mao lançou um movimento chamado de Revolução Cultural, que se propunha erradicar as "velharias" que ainda subsistiam na sociedade chinesa. Para isso, contava com a ação da Guarda Vermelha, formada por jovens estudantes chineses radicalizados, que eram a linha de frente da Revolução Cultural. O objetivo explicitado era construir, de maneira voluntarista, rápida e radical, uma sociedade sem hierarquias, inspirada em uma leitura idealizada das comunidades camponesas supostamente imunes aos "vícios burgueses". Assim, professores foram expulsos das universidades, revolucionários veteranos foram humilhados em praça pública, a cultura e as artes ocidentais foram proibidas, o patrimônio cultural da China pré-revolucionária foi vandalizado. Tudo o que era considerado "ultrapassado" e "burguês" passou a ser criticado e reprimido. A atuação dos jovens guardas vermelhos acabou servindo para reforçar o poder pessoal de Mao na luta interna do Partido Comunista Chinês. A exemplo de um radicalismo jovem instrumentalizado por disputas de poder e valores autoritários, a Revolução Cultural Chinesa foi a expressão mais contraditória da juventude em revolta fora do contexto ocidental. Acabaria sofrendo fortes críticas dentro da própria China. Quase levara o país a uma nova guerra civil. Contudo, seu radicalismo apaixonado, inflexível e irascível inspirou o voluntarismo dos jovens europeus que queriam construir o "novo mundo" a *fórceps*, contra tudo e contra todos que consideravam velhos e ultrapassados.

Na ressaca de 1968, surgiriam militantes jovens mais radicalizados e violentos, como os membros do Baader-Meinhof, das Células Revolucionárias alemãs ou do Exército Vermelho Japonês. Alguns deles chegaram até a ir para o Oriente Médio lutar pela "causa palestina".

Os conservadores resolveram mostrar sua força nas cidades e nas urnas. No final de maio, cerca de 500 mil manifestantes saíram às ruas em apoio ao general Charles de Gaulle, figura histórica da resistência à ocupação nazista e ao colaboracionismo da extrema direita francesa durante a Segunda Guerra, que era então o presidente do país e procurava promover a ordem. Nas eleições de junho, o partido do presidente De Gaulle, Union des Democrates pour la Republique (UDR), e outros grupos de centro-direita ganharam 362 das 485 cadeiras do Parlamento francês. Foi um choque de realidade política para os jovens rebeldes, ainda que as instituições estivessem abaladas pela crítica dos *soixante-huitards* (os 68), como a imprensa nomeou os rebeldes.

Um pouco antes, em 16 de junho, a Sorbonne fora desocupada à força pela polícia. As reações estudantis foram então sensivelmente menores. As barricadas começaram a ser desmontadas, demonstrando o esgotamento das energias de luta. Ficou claro que a "Revolução Jovem" fracassara, e muitas de suas lideranças, estudantis e operárias, sentiram-se traídas. Contudo, compreendeu-se finalmente que fazer uma revolução não é apenas uma questão de vontade subjetiva e energia juvenil.

Apesar da sensação de fracasso que tomou conta dos jovens, "Paris 68" tinha, sim, abalado bases culturais e comportamentais da sociedade francesa e mundial. A partir de então, com a emergência de uma geração antiautoritária e contestadora, as relações sociais e institucionais dentro das universidades nunca mais seriam as mesmas. As formas de protesto e de organização, tampouco, com o surgimento de *slogans* criativos e organização horizontais, inspiradas no Movimento *Free Speech* das universidades norte-americanas que questionava a proibição de manifestações políticas estudantis nos *campi* universitários. Temas comportamentais, atividades culturais e contestação política tornaram-se indissociáveis do protesto estudantil, unindo vanguarda estética e vanguarda política. Os *slogans* pintados nos muros de Paris seriam imortalizados como símbolo das "barricadas do desejo", expressão criada pela filósofa Olgária Matos. Vejamos alguns exemplos:

> "Corra, camarada, o Velho Mundo está atrás de você!"
>
> "Sob o asfalto, a praia."
>
> "Não tome o elevador, tome o Poder!"
>
> "Aqueles que tomam seus desejos pela realidade são aqueles que creem na realidade dos seus desejos."
>
> "Quanto mais eu faço amor, mais quero fazer a revolução. Quanto mais eu faço a revolução, mais desejo fazer amor."
>
> "É proibido proibir."

Novas formas de pensamento crítico à própria tradição da "esquerda ortodoxa" tanto quanto do "humanismo liberal" se fortaleceram no debate intelectual acadêmico e entre militantes políticos. Embora o movimento estudantil do Maio de 68 francês não estivesse, inicialmente, voltado para essas pautas, centrando-se mais nas lutas pela democratização da universidade e pelo socialismo, o questionamento das autoridades e das tradições intelectuais herdadas do passado abriu-se para novas perspectivas e novos temas. A quebra das visões totalizantes da sociedade então deu lugar a temas como linguagem, corpo e comportamento não normativos.

Houve centenas de feridos e sete mortos, sendo quatro mortes diretamente ligadas à repressão policial. Mas o tratamento dado aos jovens franceses universitários pela polícia era até "moderado" se comparado a outras juventudes que ocupavam as ruas parisienses. Afinal, mesmo para a mídia e para o *establishment*, há juventudes e juventudes.

Alguns anos antes, em outubro de 1961, quando imigrantes argelinos e seus descendentes já nascidos na França, incluindo muitos jovens, protestavam em Paris pela independência da Argélia francesa, houve uma brutal repressão pela polícia francesa, resultando em um número incerto de mortos, muitos deles jogados no rio Sena para se afogar. Apenas em 1998, o governo francês reconheceu 40 vítimas fatais, enquanto os historiadores apontam uma cifra aproximada de 300. O evento recebeu pouca atenção da mídia, mas se manteve na memória dessa "outra" juventude francesa "não branca". Em 2008, o rapper francês Médine, descendente de argelinos, dedicou a música "17 de Outubro" ao massacre que os jornais não viram e o governo negou por muitos anos (tradução nossa):

Estranhos lírios-d'água flutuam no Sena	D'étranges nénuphars flottent sur la Seine
Sequência de longa-metragem com olhos imersos na cena	Séquence long métrage les yeux plongés dans la scène
Danos causados pela água para as pessoas do zoológico humano	Dégât des eaux pour les gens des humans-zoo
Desumanizado, o moreno está agonizando	Déshumanisés les basanés ne font pas de vieux os
Um balde de mijo para afogar ratos	Un sceau de pisse dans lequel on noie des rats
Outubro Negro, caçada de ratos pelas avenida	Octobre noir, ratonnade sur les boulevards

Ainda em 1968, não muito longe de Paris, uma outra juventude e uma outra "primavera" também sacudiam o mundo.

A JUVENTUDE ROUBADA: A PRIMAVERA DE PRAGA E A CONTRACULTURA NO MUNDO COMUNISTA

Quando falamos em Contracultura e contestação jovem nos anos 1960 não podemos esquecer da Primavera de Praga, uma série de agitações culturais e reformas políticas que tiveram lugar na antiga Tchecoslováquia, uma das repúblicas socialistas do Leste Europeu sob influência e controle da União Soviética. As manifestações que levaram à Primavera de Praga não se limitavam ao movimento contracultural, mas compuseram o mais importante movimento de contestação ao socialismo autoritário, controlado pelo governo de partido único, que limitava direitos políticos e civis para, supostamente, defender o socialismo dos ataques do Ocidente.

O fato é que os cidadãos tchecoslovacos, e de outros países da chamada "Cortina de Ferro" (bloco de países socialistas do Leste Europeu), não necessariamente eram contra o socialismo como forma de organização social, mas tinham críticas à política burocratizada dos partidos comunistas oficiais e à militarização da sociedade. As restrições ao direito de expressão, organização e reunião eram os principais pontos de conflito, além da percepção de que seus governos locais eram meros "fantoches da União Soviética". Obviamente, nem todos os países da Cortina de Ferro eram iguais entre si, havia diferenças entre as sociedades da Alemanha Oriental, Polônia,

Tchecoslováquia, Hungria, Romênia e Bulgária. Essas sociedades podiam ser mais ou menos urbanizadas, mais ou menos ligadas às tradições culturais e artísticas da Europa ocidental, mais ou menos nacionalistas, mais ou menos religiosas. Contudo, a imposição do socialismo de modelo soviético depois da Segunda Guerra Mundial pela força do Exército Vermelho que lutara contra os nazistas acabava por minimizar essas diferenças nacionais. Particularmente a Tchecoslováquia era um dos países mais cosmopolitas e ocidentalizados do Leste Europeu, e Praga, sua capital, tinha uma forte tradição cultural própria, incluindo diversas experiências marcantes de vanguarda, sobretudo no cinema e nas artes gráficas entre 1960 e 1968.

No começo de 1968, uma ala reformista do Partido Comunista Tchecoslovaco, comandada por Alexander Dubcek, subiu ao poder e propôs implantar um "socialismo com rosto humano", cuja pauta central era ampliar as liberdades civis (direito de reunião, organização, direito de manifestação e expressão) para além dos controles estritos do Partido. A União Soviética e as alas mais conservadoras do governo não gostaram das reformas, mas esperaram o momento mais propício para combatê-las. Em agosto de 1968, tanques do Pacto de Varsóvia, a aliança militar comandada pelos soviéticos, invadiram Praga, derrubaram Dubcek e colocaram fim às experiências reformistas, além de impactar a cultura, as artes e o comportamento das pessoas.

Depois da invasão soviética, no chamado de "Período de Normalização", o *underground* e a Contracultura jovem ficaram ainda mais vigorosos como manifestações de resistência cultural e política ao modelo soviético. Se no Ocidente os jovens lutavam pela "democracia inclusiva", criticavam o imperialismo e reagiam aos rígidos padrões morais, na socialista Tchecoslováquia a luta dos jovens era por liberdade de expressão e de organização diante da forte repressão estatal. Uma das características da Contracultura tchecoslovaca era ter sua base social formada por jovens da classe operária. Muitos desses jovens, tal como seus pares ocidentais, chegaram a constituir comunas *hippies* em áreas rurais pouco povoadas, sempre sob vigilância das autoridades.

Em janeiro de 1969, Jan Palach, estudante de Economia de 20 anos de idade, ateou fogo em si mesmo, tornando-se o símbolo mais trágico da juventude impedida de se expressar. Palach tinha trabalhado por três semanas na agitada França de 1968, onde tomou contato com as ideias libertárias dos estudantes franceses. Ele também esteve envolvido na política reformista e liberalizante de Dubcek. No mesmo ano, mais dois jovens se suicidariam da mesma maneira.

A bem da verdade, mesmo antes da invasão dos tanques, o estilo de comportamento, os penteados e as indumentárias que aludiam ao movimento *hippie* eram reprimidos no país, como exemplifica a campanha realizada a partir de 1964 contra os "cabeludos" tchecos, chamados de *manicky*, que foram alvo de perseguição policial e proibidos de frequentar cinemas, transportes públicos e restaurantes. Em 1966, o Partido Comunista e a polícia política organizaram uma campanha para cortar à força os cabelos de mais de 4 mil jovens, chamada de "intervenção sanitária". Portanto, a Primavera de Praga, entre janeiro e agosto de 1968, foi um breve período de tolerância para com os jovens cabeludos. Depois do seu fim, a repressão contra eles se tornou mais sistemática, e houve uma forte campanha publicitária do governo para desqualificar os "cabeludos", acusando-os de vagabundos, traficantes de drogas, criminosos e terroristas a serviço do Ocidente capitalista e "moralmente decadente".

Apesar ou por causa disso, a cena contracultural da Tchecoslováquia, chamada localmente de "Segunda Cultura", foi a mais vigorosa e atuante dentre os países comunistas europeus. Ela incluía um circuito musical e artístico contestador, além de vários impressos caseiros *undergrounds* (feitos em máquinas de escrever e mimeógrafos) chamados de *samizdat*, que circulavam com textos literários e matérias relacionadas à Contracultura e ao rock 'n' roll e divulgavam a realização de eventos artísticos. A banda Plastic People of the Universe foi uma das mais ativas do período, e seu líder Ivan Jirous organizou o Primeiro Festival da Segunda Cultura em 1974, dentro do espírito de Woodstock e da *pop art*. Apesar da repressão policial, centenas de jovens compareceram.

A prisão de Jirous e de outros 26 músicos de rock em 1976, quando tentavam organizar uma nova edição do festival da "Segunda Cultura", mobilizou vários intelectuais e artistas críticos do regime comunista autoritário. O "Julgamento do rock 'n' roll", como ficaria conhecido o processo dos músicos presos, culminou na condenação de dois deles a vários meses de prisão, motivando a criação do Movimento Carta 77 pela liberdade de expressão, liderado pelo escritor Vaclav Havel. Em 1989, Havel comandaria a Revolução de Veludo (nome, por sinal, inspirado em uma das maiores bandas da Contracultura norte-americana, a Velvet Underground), que derrubaria finalmente o regime comunista. Havel seria o primeiro presidente eleito da nova era democrática. A resistência contracultural tchecoslovaca chegava, literalmente, ao poder.

ALEMANHA E ITÁLIA

Um componente específico da rebelião jovem dos anos 1960 nesses dois países era a dificuldade em lidar com os legados da experiência totalitária do nazifascismo, com muitos antigos fascistas e nazistas sendo absorvidos pelas estruturas políticas liberais do pós-Guerra. Não por acaso, movimentos juvenis italianos e alemães denunciavam os governos liberais pós-1945 como sendo, na verdade, continuadores do fascismo, "disfarçados" de democratas. Na Alemanha Ocidental e na Itália, a cena contracultural conviveu e alimentou uma dramática e radical politização da juventude.

Nos anos 1960, quando surgiram novas denúncias contra ex-nazistas e centenas de guardas de Auschwitz foram julgados, ficou claro que as estruturas políticas e burocráticas do Estado alemão ainda abrigavam criminosos de guerra e ex-membros do proscrito Partido Nazista. A juventude estudantil politizada foi particularmente impactada pelo mal-estar de conviver com ex-nazistas no poder, aumentando entre esses jovens um sentimento generalizado contra as autoridades do país.

Em Berlim, a politização da juventude encontrou abrigo nas comunidades contraculturais. O coletivo Kommune 1 reuniu *hippies*, anarquistas, socialistas, maoístas, situacionistas e outras tribos da contestação jovem. O grupo surgiu em janeiro de 1967 e durou até novembro de 1969. Além de praticar o estilo de vida libertário e fora dos padrões da família tradicional, os membros dessa comuna, inspirados nos provos de Amsterdã, se notabilizaram por executar ações provocativas como forma de protesto político. Na linha do movimento holandês, os jovens alemães também apelavam para o "trote": durante uma visita do vice-presidente dos Estados Unidos a Berlim, os ativistas espalharam rumores de um atentado a bomba e, quando a polícia confiscou os supostos explosivos colocados pelos membros da comuna, descobriu que as caixas continham apenas pudim e queijos.

Outro alvo das críticas dos jovens na época eram as regras disciplinares e hierárquicas dentro das universidades, consideradas rígidas, tema comum ao movimento estudantil europeu como um todo.

Naquela época, a Alemanha Ocidental ainda estava sob ocupação militar americana. Tinha uma fronteira sensível com a Cortina de Ferro e era uma aliada estratégica do Ocidente capitalista contra o bloco comunista. Até por isso, era bastante sensível à cultura pop e à Contracultura estadunidense. A luta antirracista era um tema relevante para a juventude contestadora alemã, dado o passado nazista e suas políticas racistas e genocidas. Aproximar-se do movimento negro norte-americano parecia ser uma forma de os jovens alemães purgarem a "culpa coletiva" sobre o Holocausto e se afastarem das heranças traumáticas do passado alemão. Nesse contexto, a juventude estudantil da Alemanha Ocidental foi particularmente influenciada pelo Movimento dos Direitos Civis dos Estados Unidos e pelos Panteras Negras.

A Guerra do Vietnã era outro alvo da contestação jovem. Em fevereiro de 1968, a Universidade Técnica de Berlim Ocidental sediou o Congresso sobre o Vietnã, um grande evento de protesto contra a intervenção americana na Ásia, com a presença de muitas lideranças estudantis alemãs e americanas. Esse congresso marcou o início do "68 Alemão", cujo líder, o estudante de Sociologia Rudi Dutschke, da União Socialista dos Estudantes Alemães (Sozialistischer Deutsche Studentenbund – SDS), era o rosto mais conhecido, dando o tom do movimento adepto da "tática da não violência".

Entretanto, a morte de um estudante por um policial em um protesto ocorrido no ano anterior e a tentativa de assassinato que o próprio Dutschke sofreu em abril de 1968 por um militante de extrema direita radicalizariam parcelas do movimento estudantil. Gudrun Ensslin, uma das lideranças jovens radicalizadas, escreveu na ocasião: "O Estado fascista quer matar todos nós. Temos que organizar a resistência. Violência só pode ser respondida com violência. Esta é a geração de Auschwitz – você não pode argumentar com eles".

Para conter os distúrbios estudantis, no mesmo ano, o Estado alemão aprovou leis especiais que suspendiam alguns direitos civis. Elas foram interpretadas pelos jovens rebeldes como "o começo de um novo estado de exceção", rememorando o nazismo. Uma das palavras de ordem dos estudantes berlinenses passou a ser: "Bom Deus, dai-nos o Quinto Reich, pois o Quarto é igual ao Terceiro" – em alusão às fases políticas da história alemã, lembrando que o Terceiro Reich nomeava o período nazista e o Quarto, o Estado liberal pós-1945.

Pouco depois, em 1970, os jovens Gudrun Ensslin, Ulrich Meinhof e Andreas Baader fundaram a Fração do Exército Vermelho (Rote Armee Fraktion, RAF, conforme a sigla em alemão), também conhecido pela imprensa como Grupo Baader-Meinhof, uma organização armada que se tornaria uma das mais violentas da Europa ao longo dos anos 1970. Esse grupo chegou a receber considerável apoio de setores da juventude e da intelectualidade alemãs, mas perderia prestígio após realizar atentados violentos que não foram bem aceitos por parte da esquerda que não concordava com o radicalismo das ideias e das ações armadas. Seus atos deixaram um rastro de violência, com cerca de 33 mortos e 200 feridos até 1998, quando o grupo se desfez oficialmente. Em 1972, depois de uma série de atentados a delegacias e quartéis, suas principais lideranças foram presas, isoladas e colocadas em prisões de segurança máxima.

Contudo, a luta armada na Alemanha não terminou com essas prisões, pois, em 1976 e 1977, o grupo extremista ressurgiria com força, realizando uma série de atentados, incluindo o sequestro e a morte de uma liderança empresarial, Hanns-Martin Schleyer, ex-membro das SS. Para a juventude radicalizada alemã, Schleyer era o símbolo da "geração de Auschwitz" disfarçada de liberal-democrata presente na elite política e econômica alemã. A Fração do Exército Vermelho também chegou a sequestrar um avião da Lufthansa, empresa aérea alemã. Em outubro de 1977, quatro das principais lideranças da RAF morreriam na prisão, na mesma noite, incluindo Andreas Baader e Gudrun Ensslin. As autoridades alegaram suicídio coletivo, mas até hoje as mortes são objeto de controvérsia, pois várias vozes independentes sugerem que eles foram assassinados. A Primavera Estudantil no país foi tragicamente encerrada neste "Outono Alemão", como ficou conhecido o violento mês de outubro de 1977. Simbólica e fisicamente, desaparecia toda uma geração de jovens radicais alemães.

Hans Weingartz, 14 out. 1979 (CC BY-SA 3.0 DE)

Herança da Contracultura, a luta contra a energia nuclear seguiu mobilizando jovens nos anos 1970 e 1980, como na manifestação em Bonn, capital da Alemanha Ocidental, em 1979.

Na Itália dos anos 1970, a contestação jovem também mesclaria elementos da Contracultura com a violência política extremista. O "vão geracional" que distinguiu a juventude dos anos 1960 das gerações anteriores na Itália desembocou em uma manifestação juvenil mais politizada, voltada para a contestação do capitalismo como em outros países, mas também contra o "Estado burguês" italiano considerado uma "continuidade do fascismo". Não apenas estudantes, mas também jovens operários chegaram a aderir às várias organizações revolucionárias, muitas delas executando ações armadas em nome da Revolução que tinham em mente.

Naquele país, apesar dos avanços democráticos do pós-Guerra, a sombra do fascismo parecia pairar sobre a sociedade como um todo. Além disso, a contestação jovem se alimentava da forte presença na sociedade italiana do Partido Comunista Italiano, o maior do Ocidente, e inspirava-se na forte resistência armada ao fascismo dos anos 1940. Entretanto, essa nova geração criticava a burocratização da política interna do PCI e seu apoio ao Estado dado em nome da estabilidade política.

Um sintoma dessa crise geracional foi a perda de militantes de poderosas organizações partidárias italianas, como a Juventude Comunista e a Juventude da Democracia Cristã, braços dos dois maiores partidos do sistema político italiano. O regime representativo da democracia italiana, como em outras partes do Ocidente liberal, também era questionado pelos jovens radicais.

Além de novos grupos politizados, muitos jovens italianos também foram influenciados pela Contracultura mais comportamental e artística. Assim, surgiram *beats* e provos italianos, que costumavam se reunir principalmente em praças de Roma e Milão, realizando *happenings* e saraus de poesia. O grupo Onda Verde e a revista *Mondo Beat*, considerada a primeira revista *underground* italiana, foram as expressões da Contracultura no país entre 1964 e 1967. Como em outros lugares da Europa, a tradição anarquista e libertária alimentava as utopias contraculturais italianas, que também incluíam críticas ao consumismo, manifestações pelo fim do serviço militar obrigatório, a luta pelo direito ao divórcio, o uso de drogas e a defesa da liberdade sexual.

Em 1967, um acampamento *hippie* em Milão, apelidado de Barbonia City e considerado pelos conservadores um "antro de elementos ociosos e vagabundos", foi violentamente dissolvido pelas autoridades, que chegaram a mandar limpar o local com 500 litros de desinfetante.

A partir de 1968, a politização radical da juventude italiana colocaria a dimensão mais propriamente "contracultural" em segundo plano, então criticada como expressão de uma burguesia rebelde e inofensiva ao verdadeiro sistema de exploração, o capitalismo defendido pelo Estado. Os acampamentos *hippies*, o método da não violência e os *happenings* bem-humorados dariam lugar a ocupações de universidades, aos *slogans* de combate e às ações extremistas.

De todo modo, não se pode negar que a contestação contracultural preparou a explosão da juventude politizada italiana depois de 1968, entrecruzando temas como a revolução comportamental com outros estritamente políticos, como a sonhada revolução socialista na busca da "sociedade sem classes". Em comum, como em outras partes do mundo, os protestos contra a Guerra do Vietnã. Se os *beats* e provos eram minoritários e marginalizados na Itália, o movimento estudantil conseguiu realizar grandes manifestações de massa. O movimento feminista também se fortaleceu, depois da aprovação da Lei do Divórcio em 1970, apesar da oposição da Igreja Católica, muito influente na sociedade italiana.

Após as agitações estudantis de 1968, o protagonismo jovem na Itália se radicalizou, abarcando setores do jovem operariado. Formaram-se vários grupos dissidentes das esquerdas consideradas tradicionais – sobretudo do PCI – que se autointitularam "esquerda revolucionária", como o *La Lotta Continua* e o *Potere Operaio*. A radicalização de parte da juventude levou à adoção da "estratégia de ação" baseada na luta armada, tal como na Alemanha. As jovens lideranças das novas organizações acreditavam que as ações armadas levariam a uma grande mobilização operária contra o capitalismo e contra o "Estado burguês" italiano e, finalmente à revolução socialista. A aproximação do PCI e da DC a partir de 1973, visando isolar a extrema direita na política italiana, chamada de "compromisso histórico", não foi bem-vista por esses jovens, que se sentiram traídos em seu fervor revolucionário. Os problemas sociais e econômicos decorrentes da Crise do Petróleo de 1973 alimentaram ainda mais as bases da violência política de esquerda. Uma nova onda de revolta estudantil explodiu nas universidades italianas em 1977.

A principal organização armada italiana – as Brigadas Vermelhas – atraiu vários jovens ao protagonizar uma série de ações armadas, culminando no sequestro, cativeiro e morte de Aldo Moro, um respeitado político italiano ligado à Democracia Cristã, em 1977. A comoção gerada pela morte de Aldo Moro, mesmo entre setores progressistas e de esquerda, e forte reação repressiva do Estado ajudaram a esvaziar o ímpeto da esquerda armada italiana.

A conjuntura política italiana entre o final dos anos 1960 e início dos anos 1980 também foi marcada pela violência da extrema direita, apoiada por grupos ligados aos serviços secretos do Estado. Esses setores, para se contrapor ao avanço das esquerdas e dos movimentos reivindicativos de operários e estudantes, optaram pela chamada "estratégia da tensão", que consistia em realizar grandes atentados para provocar tanto a reação armada da esquerda, como para justificar as "Leis de Exceção" por parte do Estado que aumentavam a repressão para além dos parâmetros jurídicos normais. A extrema direita viu na violência revolucionária da esquerda e no radicalismo da juventude contestadora uma oportunidade para tentar limitar o sistema liberal que pautava os governos da Europa Ocidental e impor uma pauta conservadora, xenófoba e autoritária no trato dos movimentos sociais e na contestação juvenil. Atentados ocorridos à época, que chegaram a matar centenas de pessoas, como os da Praça Fontana, em 1969, e o Massacre de Bolonha na estação de trem da cidade em 1980, são exemplos da violência da extrema direita italiana. O primeiro, inclusive, desencadeou uma resposta violenta dos grupos de esquerda, estimulando a espiral de violência política dos "Anos de Chumbo" italianos.

LEITURAS COMPLEMENTARES

BIVAR, Antonio. *Punk*. São Paulo: Barbatana, 2018.

JUDT, Tony. *Pós-Guerra*: uma história da Europa desde 1945. Rio de Janeiro: Objetiva, 2017.

MATOS, Olgária. *Paris 1968*: as barricadas do desejo. Rio de Janeiro: Brasiliense, 2005.

MCCAIN, Gillian *Mate-me por favor*: a história sem censura do punk. Porto Alegre: LP&M, 2021.

REIS FILHO, Daniel A. (org.). *1968*: Reflexos e reflexões. São Paulo: Edições Sesc, 2018.

SUGESTÃO DE OBRAS DE FICÇÃO, BIOGRAFIAS E LIVROS DE MEMÓRIAS

ENZENSBERGER, H. *Tumulto*. São Paulo: Todavia, 2019.

Misto de crônica e autobiografia de um intelectual alemão que foi um ator central na contestação jovem europeia dos anos 1960.

KUNDERA, M. *A insustentável leveza do ser*. São Paulo: Companhia de Bolso, 2008.

Livro ficcional sobre a juventude da antiga Tchecoslováquia depois da invasão do país pelos soviéticos para acabar com a Primavera de Praga.

SUGESTÃO DE FILMES DE FICÇÃO E DOCUMENTÁRIOS

O fundo do ar é vermelho (*Le fond de l'air est rouge*). Dir.: Chris Marker, França, 1977.

Documentário sobre as lutas e os impasses da esquerda europeia pós-68.

A chinesa (*La Chinoise*). Dir.: Jean Luc-Godard, França, 1966.

Retrato irônico e crítico da radicalização política entre os jovens franceses dos anos 1960, em linguagem autoral e de vanguarda.

Laranja mecânica (*Clockwork Orange*). Dir.: Stanley Kubrick, Inglaterra, 1971.

Filme que aborda a violência juvenil e os métodos, não menos violentos, que o Estado e o sistema utilizam para controlá-la.

Amantes constantes (*Les Amants Reguliers*). Dir.: Philippe Garrel, França, 2005.
Homenagem lírica e subjetiva aos jovens que lutaram nas barricadas parisienses de 1968.

Os sonhadores (*The Dreamers*). Dir.: Bernardo Bertolucci, França/Itália/Inglaterra, 2003.
Filme de revisão crítica sobre as contradições da juventude radicalizada dos anos 1960.

Antes da Revolução (*Prima della rivoluzione*). Dir.: Bernardo Bertolucci, Itália, 1964.
Feito em plena década de 1960, o filme mostra as angústias de um jovem italiano ao perceber o desgaste da velha esquerda e seus limites para mudar o mundo.

Blow-up – depois daquele beijo (*Blow-up*). Dir.: Michelangelo Antonioni, Inglaterra, 1967.
Baseado em conto de Julio Cortázar, o filme é um painel da *Swinging London*, ao mesmo tempo que problematiza a cultura visual contemporânea e a "sociedade do espetáculo".

Bom dia, noite (*Buon Giorno, Notte*). Dir.: Marco Bellocchio, Itália, 2003.
Retrato crítico e melancólico da juventude radicalizada italiana que se envolveu com a luta armada.

1968. O despertar (Parte 1 – A onda). Dir.: Don Kent, França, 2018.
Documentário sobre as lutas e a contestação da juventude dos anos 1960, com foco na luta pelos direitos civis nos EUA.

1968. O despertar (Parte 3 – A explosão). Dir.: Don Kent, França, 2018.
Documentário sobre as lutas e a contestação da juventude dos anos 1960, com foco nas agitações de 1968.

Udigrudi e desbunde: a Contracultura no Brasil

Também na América Latina, a juventude foi protagonista de importantes movimentos de contestação política e de Contracultura. No continente, esses movimentos elaboraram formas e agendas próprias conforme a realidade de cada país, mantendo pontos comuns entre si e com os movimentos dos Estados Unidos e da Europa. Entretanto, em lugares como México, Argentina, Chile, Uruguai e Brasil, a convivência entre a juventude contracultural e a juventude estudantil politizada, mais alinhada às ideias da esquerda socialista ortodoxa, foi menos convergente do que na Europa e Estados Unidos. Para a juventude estudantil ligada às organizações de esquerda, os jovens afinados com a pauta comportamental da Contracultura eram considerados "alienados e passivos" diante da realidade social.

Na América Latina, a Contracultura surgiu em um contexto de modernização capitalista combinada com estruturais sociais ultraconservadoras, patriarcais e autoritárias que, não raro, se manifestavam em governos de direita e ditaduras. Tais governos autoritários reprimiam constantemente os *hippies.* E mesmo governos de esquerda, como de Fidel Castro em Cuba ou o governo socialista da Unidade Popular chilena, não viam com simpatia a juventude contracultural, considerando-a expressão da dominação ideológica norte-americana.

Entretanto, o continente latino-americano abrigou uma forte Contracultura local que não pode ser vista como mera cópia importada da Contracultura americana. Movimentos como o rock argentino, La Onda mexicana, o Poder Joven no Chile e, sobretudo, a Tropicália no Brasil, são expressões originais e específicas na Contracultura global dos anos 1960 e 1970.

O México chegou a ser uma espécie de "terra prometida" de *beats* e *hippies* estadunidenses em busca das drogas rituais dos cultos xamânicos dos povos originários, como o *peyote*. Além de destino "turístico", o México também viu florescer uma forte Contracultura local crítica ao governo autocrático que dominava o país havia décadas. Jovens mexicanos defendiam as práticas do "*desmadre*", como foi nomeada a postura da juventude crítica aos "bons costumes" impostos pela sociedade dominante, pela moral católica tradicional e pelo governo que, aliás, era um alvo frequente de denúncias de corrupção política e econômica. A Contracultura mexicana se tornou ainda mais contundente depois do Massacre de Tlatelolco, em outubro de 1968, quando centenas de jovens que protestavam contra o governo foram mortos por atiradores a serviço desse mesmo governo.

No Brasil, a "invenção da juventude", a contestação dos valores hegemônicos da sociedade e o surgimento da Contracultura seguiram, em linhas gerais, o mesmo processo histórico verificável em outros países, pontuado, porém, por experiências e tradições culturais próprias. Em um primeiro momento, desenvolveu-se uma cultura ligada ao rock 'n' roll e à rebeldia "sem causa" dos anos 1950, ainda limitada a grupos de classe média reduzidos. Depois, em meados dos anos 1960, o movimento Jovem Guarda mesclou uma nova cultura de consumo e comportamento jovem com a incorporação de elementos da música pop internacional. A partir de 1968, com o surgimento do movimento

Tropicalista, a Contracultura e suas subculturas jovens ganharam força no país, marcando as décadas de 1970 e 1980. Paralelamente a todos esses desdobramentos, uma parte importante da juventude brasileira ligada ao movimento estudantil experimentou um processo de politização radical, acirrada pela imposição de uma ditadura militar conservadora e de extrema direita a partir do Golpe de Estado de 1964.

DOS "TRANSVIADOS" ÀS "JOVENS TARDE DE DOMINGO": A INVENÇÃO DA JUVENTUDE NO BRASIL

A "rebeldia sem causa" e a febre do rock 'n' roll chegaram ao Brasil em 1955, quase na mesma época em que o novo gênero musical se popularizava nos Estados Unidos. Por aqui, os padrões de consumo e comportamento do *American Way of Life* misturavam-se com o estilo de vida da "tradicional família católica brasileira" e seus padrões morais bastante rigorosos. Uma nova classe média urbana e de comportamento cosmopolita, fruto do intenso processo de industrialização e urbanização dos anos 1950, começava a ocupar as cidades brasileiras, e foram seus filhos que primeiramente aderiram aos novos comportamentos "rebeldes". Logo a mídia local os apelidou de "juventude transviada", o mesmo título dado no Brasil ao filme *Rebel without a cause*, com o astro James Dean.

Curiosamente, os padrões de comportamento trazidos pelo cinema não encontravam, ainda, uma trilha sonora em português para o consumo jovem. Não por acaso, foram cantores mais velhos e ligados à música "dor de cotovelo" mais tradicional, como Nora Ney e Cauby Peixoto, os primeiros a gravar canções de rock 'n' roll, mas logo ficou claro que sua fotogenia e estilo não combinavam com o mercado jovem que se esboçava. Cauby, inclusive, gravaria o primeiro rock 'n' roll feito em português, chamado de "Rock 'n' roll em Copacabana" (1957).

No final dos anos 1950, a sofisticada Copacabana preferia a bossa nova, estilo musical mais tributário ao samba e ao jazz do que o rock 'n' roll. Contudo, alguns *playboys* (sinônimo de jovens descompromissados, que gostavam de ostentar roupas caras e carros esportivos) de Copacabana, como Carlos Imperial, que apreciavam o rock, se uniram a jovens roqueiros – como Erasmo Carlos, Roberto Carlos e Tim Maia – da Zona Norte carioca, dando origem ao Clube do Rock, espaço de música e dança que se transformaria em programa de rádio com o mesmo nome.

Nessa mesma época, cidades brasileiras veriam surgir gangues de jovens com caras mal-humoradas, usando blusões de couro, dirigindo lambretas (como eram chamadas por aqui as *scooters* italianas), ostentando cabelos engomados com "brilhantina" e, por vezes, envolvendo-se em brigas e promovendo arruaças.

Mas o que parecia uma atitude performática da juventude contra a sociedade mais velha – e até então era relativamente relevado pela imprensa – adquiriu outras conotações com o assassinato da jovem Aida Cury, em julho de 1958. Aida foi levada a um apartamento em Copacabana, onde sofreu tentativa de estupro e agressões diversas, sendo jogada do prédio pelos agressores para simular um suicídio, conforme uma das versões mais correntes para o desfecho do episódio. Os acusados, e posteriormente condenados, eram dois *bad boys* da Zona Sul carioca, logo identificados como parte da temível "juventude transviada". Com essa associação, o Brasil tinha seu primeiro ataque de "pânico moral" e sua primeira cruzada moralista contra os novos comportamentos da juventude.

Na mesma época, a música jovem brasileira ganhava sua primeira grande estrela, Celly Campello, de apenas 17 anos, que gravou a versão brasileira de "Estúpido Cupido" ("Stupid Cupid", de Howard Greenfield e Neil Sedaka, gravada por Connie Francis em 1959) e "Banho de Lua" (versão do sucesso italiano "Tintarella di Luna", de Mina Mazzini, 1960). Os temas inocentes e o ritmo mais marcado das duas canções não seguiam, propriamente, a batida visceral dos primeiros rock 'n' rolls americanos, mas também não se distanciavam das baladas românticas açucaradas voltadas para a juventude que começavam a dar o tom da música pop americana no fim dos anos 1950, interpretadas por Neil Sedaka, Pat Boone, Paul Anka e Frankie Avalon. Além disso, a fotogenia angelical de Celly Campello em nada remetia à rebeldia e à agressividade da "juventude transviada" de cara fechada, sendo mais bem assimilada pelas famílias e pela mídia brasileiras. De todo modo, a música jovem brasileira já tinha sua rainha. Entretanto, ela abdicou do trono no auge do sucesso, em 1962, preferindo se casar, recolher-se à vida familiar privada e se tornar uma "dona de casa", passando a fazer parte da memória afetiva de toda uma geração, mas sem seguir na carreira.

O trono do rock brasileiro estava momentaneamente vago, mas no ano seguinte, 1963, despontaria um novo pretendente: Roberto Carlos. O sucesso de uma versão em português de uma balada rock norte-americana, "Splish Splash" (de Bobby Darin, com versão de Erasmo Carlos), abriu o caminho do sucesso popular para o futuro "rei" e para a turma de roqueiros da Tijuca, que logo chegaria aos rádios e à televisão, apresentando o primeiro grande programa voltado para a juventude: *Jovem Guarda*. Com a febre musical desencadeada pelos Beatles, a partir de 1964, a produção e o consumo de uma música jovem não poderiam mais ficar em segundo plano, tornando-se central não apenas para a indústria do disco, mas também para a moda e o cinema. A crescente indústria cultural brasileira não perdeu tempo em produzir sua versão local da "beatlemania". O programa *Jovem Guarda* estreou em setembro de 1965, comandado por Roberto Carlos, Wanderléa e Erasmo Carlos. Era apresentado aos domingos às 17h, na TV Record, a principal emissora da época.

A TV Record se especializou em programas musicais, também produzindo os lendários *Festivais da Canção*, palco para o talento de Chico Buarque, Gilberto Gil e Caetano Veloso, bem como o programa *Fino da Bossa*, apresentado por Elis Regina e Jair Rodrigues. Esses dois últimos programas abriram caminhos para a nova MPB – Música Popular Brasileira, herdeira do samba, da bossa nova e dos gêneros nacionais de "raiz", mais voltada para expressar os valores de uma juventude politizada e nacionalista.

Não demorou para que a turma da Jovem Guarda fosse considerada pelos jovens mais intelectualizados do movimento estudantil como um bando de "alienados", "vazios" e "imitadores do rock 'n' roll estrangeiro". Com o Golpe de Estado de 1964 e a implantação de uma ditadura militar anticomunista, vista pela esquerda como aliada do "imperialismo norte-americano", as tensões entre as duas grandes tendências da juventude brasileira se acirraram. O auge das disputas foi em 1967, quando houve até uma passeata no Centro da cidade de São Paulo contra o uso de "guitarras elétricas" nas canções brasileiras. Essa polarização, entretanto, deve ser vista com cuidado, pois era alimentada pelo *marketing* da própria TV Record e pelos empresários dos artistas, para estimular a adesão de ouvintes e fãs. De todo modo, as tensões comportamentais entre a juventude mais politizada e a juventude mais distante da crítica social e política não devem ser subestimadas, pois pautaram o comportamento e os debates dos anos 1960 e 1970.

Apesar das críticas, a Jovem Guarda foi um grande sucesso na cena musical, na moda e no cinema. Suas canções ajudaram a nacionalizar a música pop voltada para juventude, apesar de as versões dos grandes sucessos internacionais, sobretudo ingleses e estadunidenses, continuarem importantes no mercado brasileiro. O programa *Jovem Guarda* consagrou um novo "ritmo da juventude", chamado de iê-iê-iê (corruptela do ornamento vocal típico das canções dos Beatles), mais influenciado pelas baladas pop do início da década de 1960 do que propriamente pelo conjunto inglês. O iê-iê-iê brasileiro acabava mesclando canções românticas com temáticas mais agressivas, pasteurizando o comportamento da "juventude transviada" – como o culto à velocidade dos automóveis e "rachas" e brigas de gangues – com inocentes "namoros de portão", beijos roubados no escurinho do cinema e roupas coloridas consideradas extravagantes. Mesmo dentro desses limites, a Jovem Guarda, bem ou mal, disseminou no país a nova cultura jovem que se espalhava pelo mundo e introduziu novos timbres – como os sons de órgãos e guitarras elétricas – na cena fonográfica brasileira. A agressividade moderada, como na canção de Roberto Carlos "Quero que vá tudo para o inferno", e a afirmação de um novo comportamento dentro de limites estéticos e culturais relativamente aceitáveis para uma sociedade fundamentalmente moralista e conservadora expandiram o público da Jovem Guarda para as famílias de classe média.

Mas seus limites, enquanto contestação cultural, ficaram bem nítidos quando a Contracultura jovem mais radical chegou ao Brasil em fins de 1967. Nesse momento, as primeiras informações sobre o movimento *hippie* ecoavam na mídia e a música jovem internacional dava uma guinada estética, se afastando das baladinhas românticas e sonoridades pasteurizadas, conduzida pelo experimentalismo dos Beatles. A Jovem Guarda começou a perder espaço. A discussão sobre uso de drogas, os sons amplificados e distorcidos do blues-rock e do rock lisérgico e a defesa do "amor livre" e da "revolução jovem e radical" não combinavam com seus artistas ou com seu público. Roberto Carlos anunciou seu afastamento do programa de televisão *Jovem Guarda*, que foi encerrado no começo de 1968. O "Rei Roberto" continuaria em seu trono, mas seus súditos não quiseram se identificar com os padrões mais ousados da Contracultura, consagrando-o a partir de então como "o grande cantor romântico brasileiro".

No final dos anos 1970, a cena cultural brasileira passaria a ter uma nova expressão cultural, comportamental e estética. As "jovens tardes de domingo", inocentes e festivas, já não combinavam com as urgências e angústias da juventude radicalizada em busca de uma nova sociedade. Artistas sentiram que era preciso dar mais densidade crítica às canções para a juventude. A ideia de "revolução jovem", em termos comportamentais e políticos, passou para o primeiro plano da cultura, com ampla repercussão nos meios de comunicação e na indústria cultural brasileira.

O MOVIMENTO ESTUDANTIL E A JUVENTUDE ENGAJADA

No início, no Brasil, a Contracultura com ênfase comportamental e o jovem radical politizado não compartilhavam os mesmos espaços sociais e valores, como era comum em outros países. Demorou até fins dos anos 1970 para que essas duas correntes disruptivas da cultura jovem se encontrassem, pois, até esse momento, a juventude se dividia entre "conscientes" e "desbundados" (apelido jocoso dado pelos primeiros aos *hippies*).

O movimento estudantil brasileiro havia conhecido um grande crescimento no começo dos anos 1960, em meio a agitações e projetos de reformas sociais do governo João Goulart (1961-1964). Questões específicas, como a democratização interna das universidades e a falta de vagas no ensino superior, se mesclaram ao apoio às Reformas de Base propostas pelo governo (uma série de ações para nacionalizar a economia e distribuir a riqueza no Brasil), que seriam abortadas pelo Golpe de 1964. O símbolo desse momento foi a criação do Centro Popular de Cultura da União Nacional dos Estudantes, em 1962, que congregou vários jovens artistas que buscavam fazer uma "arte engajada", com um novo conteúdo para a canção, para o teatro e para o cinema. Essa arte se expressava através de várias linguagens – música, cinema, teatro e poesia – e buscava denunciar as injustiças sociais e a influência das potências capitalistas sobre a economia brasileira que, na visão daqueles jovens, condenavam o país ao "subdesenvolvimento".

A implantação da ditadura militar, em abril de 1964, foi um duro golpe para os projetos políticos da juventude de esquerda. Mas esse revés não diminuiu seu ímpeto de contestação, ao contrário. Apesar de as organizações estudantis serem reprimidas e proibidas pelo novo governo, inicialmente, os militares se preocuparam mais em cortar os laços do movimento estudantil com as organizações e sindicatos de trabalhadores. Nesse sentido, a repressão até 1968 era mais seletiva, focada em quadros políticos dos partidos de esquerda e do governo deposto, deixando aos estudantes ainda algum espaço para a contestação política. Naquele contexto, a cultura assumiu um papel fundamental, com a afirmação da "arte engajada" de esquerda, produzida e consumida, principalmente, pela juventude estudantil. Os militares até então toleraram alguma crítica cultural, pois os estudantes eram filhos da classe média que, majoritariamente, havia apoiado o Golpe, e o custo político de uma repressão mais intensa sobre este segmento era um tanto arriscado para um regime que procurava se legitimar junto à sociedade. Ainda assim, os *protestos* estudantis seriam fortemente reprimidos pela polícia.

Depois do choque inicial pós-Golpe, o movimento estudantil brasileiro havia conseguido se reorganizar promovendo grandes manifestações de rua a partir do segundo semestre de 1966. O regime então parecia cada vez mais acuado, criticado inclusive pela classe média e pela imprensa liberal, que antes haviam sido contrárias a João Goulart e simpáticas ao Golpe. O clima repressivo que se seguiu e a crise econômica que não dava sinais de arrefecer tinham esfriado este apoio inicial e aberto espaços para a contestação.

Em março de 1968, o movimento estudantil brasileiro tomou conta das ruas. A morte do estudante secundarista Edson Luís, baleado pela polícia durante uma manifestação no Rio de Janeiro, acirrou ainda mais a temporada de passeatas e conflitos com a polícia, cujo ápice foi a Passeata dos Cem Mil, no Rio de Janeiro, em junho daquele ano. No mesmo mês, a Ação Libertadora Nacional, grupo político liderado pelo militante dissidente do Partido Comunista Brasileiro (PCB), Carlos Marighella, reivindicou o atentado à bomba no Consulado dos EUA em São Paulo, tornando pública a existência de um projeto de luta armada para derrubar o regime. A luta armada, assim como na Europa e nos Estados Unidos, era muito sedutora para uma juventude radicalizada ávida por mudar rapidamente a sociedade e combater as injustiças socioeconômicas. No caso brasileiro, essa opção parecia ainda mais atraente, pois, afinal, lutava-se contra uma ditadura autoritária.

A contestação política não ficou limitada ao movimento estudantil. Em julho, jovens lideranças operárias metalúrgicas, em São Paulo e Minas Gerais, organizaram duas greves importantes que aumentaram ainda mais a tensão no país. Mas, já em outubro, um encontro clandestino da União Nacional dos Estudantes em Ibiúna, no interior do estado de São Paulo, acabou com a prisão de cerca de 800 jovens, encerrando o ciclo de manifestações públicas de massa lideradas pelo movimento estudantil.

Para os líderes que defendiam a luta armada como forma legítima e necessária de combate à ditadura, a prisão em massa dos estudantes em Ibiúna demonstrava que não era possível fazer uma contestação pacífica e de massas contra o regime militar. Afirmavam que era preciso agir, e "ação", segundo eles, significava "pegar em armas". Os estudantes foram a principal base social da guerrilha de esquerda que marcou a história das contestações no Brasil entre 1968 e 1973. Milhares de jovens, sobretudo universitários, se envolveram com organizações clandestinas desse tipo, seja em ações diretas, como assaltos a bancos ou sequestros de diplomatas, seja em ações e redes de apoio. Também foram eles as principais vítimas da forte repressão desencadeada pelo regime a partir de 1969, início dos "Anos de Chumbo" da ditadura, baseada na tortura a prisioneiros, em execuções extrajudiciais e desaparecimentos.

O período de relativa tolerância dos militares para com o movimento estudantil e os artistas contestadores de classe média foi encerrado depois da decretação do Ato Institucional n.5 (em dezembro de 1968), a mais famosa das leis de exceção da ditadura, que permitia quase tudo ao presidente da República.

A possibilidade de convergência entre ações da crescente guerrilha de esquerda com os movimentos de massa, alimentados pela contestação cultural que tomava conta até dos meios de comunicação, fez com que os setores da chamada "linha dura" militar vissem *qualquer manifestação* como ameaça direta ao regime. Então não importava mais se a contestação viesse de *hippies* cabeludos ou de jovens radicais do movimento estudantil. O regime militar queria uma outra juventude, mais conformista e afinada com os valores de patriotismo e civismo que em nada tinha a ver com a revolução cultural e comportamental em curso nos anos 1960. Depois do AI-5, a cultura de contestação passou a ser duramente reprimida também através da censura prévia (ou seja, nenhum produto cultural poderia circular sem o aval do governo). Qualquer crítica, política ou comportamental, era objeto de suspeita e poderia levar à prisão.

Por outro lado, as passeatas estudantis no Brasil, nos Estados Unidos e na Europa ao longo de 1968, as lutas revolucionárias do Terceiro Mundo, a radicalização política, a Revolução Sexual e a estética da experimentação radical eram pautas frequentes dos meios de comunicação e criavam um clima de efervescência, mesmo entre jovens que não se envolviam diretamente nestas questões. No caso brasileiro, em que havia uma radicalização jovem mais politizada, inclusive com a proposta de luta armada contra o regime militar de parte de grupos de esquerda, os dois eixos – a contestação comportamental e a contestação política – criavam um caldeirão cultural propício à agressão ao *establishment* e a experiências estéticas de toda ordem.

No Brasil, o clima generalizado de contestação jovem no mundo Ocidental se mesclou, como vimos, à luta específica contra a ditadura. Mas o tema da revolução comportamental também se fazia presente – um exemplo disso foi o discurso de Caetano Veloso no Festival Internacional da Canção, no Tuca em São Paulo. Na ocasião, Caetano foi vaiado por jovens de esquerda quando apresentava a canção "É proibido proibir", inspirada em uma das palavras de ordem dos estudantes parisienses em rebelião. A plateia queria uma mensagem mais direta contra a ditadura brasileira e cobrava uma postura mais séria do cantor, que defendia sua canção com uma estranha roupa de plástico e a performance corporal de um *hippie* norte-americano. Num determinado momento, Caetano, exaltado, começou a criticar a plateia que o vaiava: "É essa juventude que quer tomar o poder... Se vocês forem, em política, como são em estética, estamos feitos!". Caetano era então um dos ícones da Tropicália, vanguarda comportamental e artística que unia a tradição do modernismo local com a Contracultura global.

TROPICÁLIA E A CONTRACULTURA DOS ANOS 1970

Após o sucesso da canção "Alegria, alegria" apresentada no festival da TV Record de 1967, potencializado pelo impacto de sua figura jovem inovadora na telinha, Caetano Veloso foi visto como o mais provável herdeiro da condição de ídolo da juventude, em um momento em que a Jovem Guarda já dava sinais de colapso. Ao lado dele, Gilberto Gil e o conjunto Os Mutantes (Arnaldo Baptista, Sergio Baptista e Rita Lee), e mais tarde Gal Costa, também apresentavam novos visuais e novas sonoridades para a música jovem brasileira. Juntos com Tom Zé, Torquato Neto, Rogério Duprat e Júlio Medaglia, esses artistas formaram a base da Tropicália musical, movimento lançado oficialmente no começo de 1968. Gal Costa, a partir de então, tornou-se a musa da Contracultura brasileira com sua sensualidade própria e seu ar displicente e etéreo.

Os tropicalistas, além dos seus LPs individuais e grupais (como o clássico *Panis et Circensis*, de 1968, o disco-manifesto do movimento), ocuparam a cena televisual dos festivais da canção ao longo de 1968. No III Festival Internacional da Canção (Rede Globo) os tropicalistas inscreveram as canções "É proibido proibir" (Caetano Veloso), "Questão de ordem" (Gilberto Gil) e "Caminhante noturno" (Os Mutantes). No IV Festival de MPB de 1968 (TV Record), as canções foram "São Paulo, meu amor" (Tom Zé), "Divino, maravilhoso" (Caetano Veloso e Gilberto Gil, defendida por Gal Costa) e "2001" e "Dom Quixote" (Os Mutantes). Além disso, os tropicalistas ganharam seu próprio programa de TV por alguns meses do ano de 1968, o anárquico e experimental *Divinos e Maravilhosos*. Essas canções, em que pese seus temas poéticos específicos, tinham algo em comum: a tematização da juventude libertária e inconformista em relação aos padrões tradicionais de família e sociedade, o elogio à rebeldia, a ironia e a incorporação definitiva do rock e dos timbres eletrificados na música popular brasileira. No final do ano, já sob o novo ciclo de repressão desencadeado pelo AI-5, o programa encerraria suas transmissões, com Caetano Veloso cantando "Noite Feliz", a terna e tradicional canção de Natal, apontando uma pistola para sua própria cabeça, metáfora crítica de toda violência que pairava no país e no mundo.

Por essas e por outras ousadias e *happenings*, Caetano e Gil seriam presos pelos militares e enviados para o exílio no primeiro semestre de 1969. Sintomaticamente, Caetano teve sua vasta cabeleira, símbolo de rebeldia e liberdade nos anos 1960, devidamente raspada pelos militares. Para estes, *hippies*, maconheiros e comunistas eram uma coisa só, facetas da mesma ameaça à pátria, à tradição, à família e também à ordem política e social vigente.

No teatro brasileiro, a crítica cultural tropicalista foi protagonizada pela Companhia Teatro Oficina, lendário grupo teatral de São Paulo, a partir das peças *O Rei da Vela* (escrita por Oswald de Andrade nos anos 1930, mas encenada em 1967) e *Roda Viva* (de Chico Buarque, 1968), dirigidas por José Celso Martinez Corrêa. O grupo levou para o palco o *happening*, o humor corrosivo contra o sistema, a crítica à religião, a nudez e a liberação sexual, temas centrais da Contracultura. Além disso, tal como no tropicalismo musical, o Teatro Oficina procurou criticar o conservadorismo e o provincianismo da sociedade brasileira, provocando com isso a ira das milícias de extrema direita, como o Comando de Caça aos Comunistas (CCC) que invadiu teatros e espancou atores na temporada de *Roda Viva* pelo Brasil. Apesar de sofrer até violência física, o grupo continuou sua trajetória de ousadias no começo dos anos 1970, atuando junto com outro grupo de vanguarda contracultural, o inglês *Living Theatre*, até que a repressão tornou sua atuação insustentável, forçando o diretor José Celso e membros da trupe a se exilarem do país.

No cinema, a Contracultura tropicalista teve como marco fundamental o filme *O Bandido da Luz Vermelha*, de Rogério Sganzerla, livremente inspirado na história de um bandido real que aterrorizou a cidade de São Paulo nos anos 1960 para questionar sociedade e o *establishment*. A forma de filmar a cidade e construir a narrativa apontava para um cinema de vanguarda; o personagem central foi transformado em ícone pop do Terceiro Mundo subdesenvolvido "pronto para explodir".

Em todas as áreas de expressão influenciadas pelo tropicalismo – música, teatro, cinema –, a questão central era expor e problematizar o processo de modernização capitalista brasileiro, que tinha construído uma sociedade com nichos de riqueza, cosmopolitismo e modernidade sobre uma base subdesenvolvida, desigual, conservadora e provinciana. Os tropicalistas criticavam ainda as crenças ideológicas da esquerda que heroicizavam a figura do "homem popular" – o operário e o camponês – como agentes da revolução política que iria redimir e libertar o Terceiro Mundo. No lugar da cultura popular folclorizada e idealizada, os tropicalistas destacavam uma outra cultura popular, produzida no processo de modernização, presente nos programas de auditório, nas canções bregas, nas roupas *kitsch* (sinônimo de "mau gosto" e exagero), para os jovens tropicalistas, tão "alienada e provinciana" quanto a cultura da elite burguesa que se achava "moderna". O resultado dessa crítica cultural e mistura de vários elementos estéticos se expressou em obras criativas e ousadas que explicitavam o choque e a sobreposição entre elementos culturais arcaicos e modernos como síntese das contradições do Brasil e seu processo de modernização marcado pelo autoritarismo da ditadura militar. Os tropicalistas não hesitavam em se utilizar do humor e da ironia, embora o sentido geral de suas mensagens fosse bastante sério. O que eles recusavam com esse procedimento era a solenidade e a sisudez que marcavam a cultura tanto da esquerda como da direita, em busca do "autenticamente brasileiro". Para os tropicalistas essa "autenticidade" não existia já que a cultura de massa estava em processo de se afirmar como principal espaço de criação e divulgação cultural. Caetano Veloso proferiu uma frase que sintetizava esse novo espírito de vanguarda artística e comportamental: "Nego-me a folclorizar o meu subdesenvolvimento para compensar as desvantagens técnicas".

As vanguardas artísticas no Brasil e a Contracultura

Os limites entre arte e vida, as relações entre arte e mercado, o papel do artista na sociedade, entre outras questões, conheceu uma nova abordagem, ainda mais radical do que aquelas propostas pelas chamadas "vanguardas históricas" do início do século XX (cubismo, expressionismo, dadaísmo, surrealismo). Estas já haviam superado as representações artísticas acadêmicas e realistas, mas as vanguardas dos anos 1960 quiseram ir além na experimentação estética e na crítica cultural. E o Brasil foi um dos principais palcos dessa revolução estética.

Na segunda metade dos anos 1960, apesar da ditadura militar vigente, a cultura brasileira experimentou uma fase de grande criatividade, ousadia comportamental e experimentalismo estético, fatores alimentados pela contestação jovem e pela Contracultura. A pop arte brasileira, aqui chamada "Nova Figuração", se inspirava em peças de propaganda comercial, noticiários, histórias em quadrinhos, programas populares de televisão para problematizar a "arte como expressão do sublime", sem abandonar a crítica política em tempos de ditadura. A ideia da "Nova Objetividade", lançada por Hélio Oiticica e Lygia Clark, ia além, criticando os suportes tradicionais da arte (o quadro, a escultura tradicional), propondo que a arte fosse uma experiência sensorial que levasse o público para além da contemplação passiva da obra. Seus "parangolés" e "penetráveis" eram obras para serem tocadas, vestidas, vivenciadas com o corpo, como se fosse uma homologia da busca por prazer e liberação sensorial, temas contraculturais por excelência. Nessa perspectiva, o artista deveria ser, fundamentalmente, "um transgressor dos limites"; seu próprio corpo deveria ser o "motor obra", implodindo os limites entre arte e público, arte e vida, arte e cotidiano. Para tal, era preciso apostar na cultura marginal, feita em circuitos fora do mercado, dos museus e das políticas culturais oficiais. "Seja marginal, seja herói", escreveu Hélio Oiticica em um estandarte que trazia a foto de um marginal morto por policiais do chamado Esquadrão da Morte.

O "conceitualismo" do final dos anos 1960 radicalizou ainda mais esta proposição, renunciando ao próprio conceito de "obra" como resultado material de uma intervenção artística. Para esta corrente, bastaria uma proposta, uma atitude, uma intervenção para "exigir um outro olhar sobre o mundo", para "haver arte". A transgressão comportamental e estética estava na base dessa proposta, rompendo os limites da representação simbólica do mundo que está incrustrada na própria ideia de arte. Intervenções como "4 dias e 4 noites" de Artur Barrio ou "Totem ao preso político", de Cildo Meirelles são exemplos deste radicalismo estético. Na primeira, que a rigor não é uma obra, o artista perambulou por 4 dias e 4 noites pela cidade, registrando suas sensações e experiências. No segundo caso, Meirelles incendiou galinhas vivas como forma de chocar o público "burguês" que frequentava a exposição e mimetizar a violência do Estado em meio aos Anos de Chumbo da ditadura.

> Mas se a arte rompia o limite da representação da violência para praticar a violência direta, sobravam as questões: e depois? O que fazer? Quais então seriam o lugar e o papel da cultura? Essas eram perguntas que estavam no ar no final da década de 1960. Involuntariamente, com o acirramento da repressão depois do AI-5 e a forte censura às artes, a ditadura ajudou a encontrar a resposta para esses impasses: mais do que nunca, a cultura seria importante para a resistência democrática que seduziria uma parte da juventude brasileira nos anos 1970, depois que o radicalismo da década anterior parecia superado.

A Tropicália promoveu o encontro da radicalização das experiências comportamentais e estéticas da vanguarda brasileira com a Contracultura global e seus valores (liberação sexual, experiência com drogas, busca da liberdade individual e de novas formas de vida comunitária), que acabaram por ganhar espaço na mídia e na imprensa ao longo dos anos 1970, sobretudo a chamada "imprensa alternativa". Assim, o movimento tropicalista possibilitou a conexão da juventude brasileira com as tendências da Contracultura internacional e seus temas polêmicos.

Mas nem todas as correntes político-culturais da juventude, sobretudo as ligadas ao movimento estudantil, aceitavam essa nova postura. Para esses setores, os tropicalistas apenas repaginavam a velha "alienação" do consumo pop e esvaziavam o sentido das ações críticas em *happenings* sem consistência ideológica, feitos apenas para chocar o público da elite intelectual. No começo dos anos 1970, ainda sob o eco do tropicalismo, o jovem engajado e "consciente" se via como a antítese do jovem "desbundado", termo pejorativo que surgiu para qualificar aqueles que então aderiam à vida contracultural.

A bem da verdade histórica, é preciso dizer que a maioria da juventude brasileira da época estava um tanto alheia a esta dicotomia, vivendo suas vidas dentro dos padrões familiares e normativos. A moda contracultural, contudo, simbolizada por cabelos longos, jeans desbotados, roupas coloridas e adereços *hippies*, se disseminou até entre os mais "caretas". "Ser jovem" e "parecer jovem" deixaram de ser uma ameaça ao sistema e passaram a ser um estilo de vida dentro dele.

Para além dos modismos, é inegável que a Tropicália e a Contracultura também mudaram a agenda de debates e um novo estilo de vida para a juventude brasileira. Mas a virada para os anos 1970, tal como no resto do mundo, foi um período de desilusão e dispersão da "revolução jovem", embora o espírito contestador ainda estivesse presente. Além das derrotas da vertente política das rebeliões de 1968, a vertente mais comportamental também experimentava certa ressaca advinda dos abusos da década anterior ao mesmo tempo que via seus ideais sendo transformados em pura cosmética. O "sistema", pouco a pouco, absorvia e matizava a Contracultura, tornando-a palatável para ditar o comportamento jovem sem ameaçar os valores básicos da sociedade e do próprio capitalismo. Como dizia uma das mais famosas peças publicitárias do Brasil na época: "Liberdade é uma calça velha, azul e desbotada".

Mas, é claro, para muitos jovens o ideal de liberdade ia além de um *slogan*. Assim, a década de 1970 foi um período ambíguo para a história da juventude brasileira: havia uma forte repressão, até contra aqueles que não pegavam em armas contra ditadura, ao mesmo tempo que o ideal da "revolução interior" e a crítica de costumes continuavam vigorosos entre muitos jovens.

A coluna "Contracultura", no jornal *O Pasquim*, e o jornal *Flor do Mal*, cujo responsável era Luiz Carlos Maciel, foram os principais veículos de divulgação da Contracultura e do movimento *hippie* no Brasil. *Flor do Mal* tinha uma tiragem de cerca de 40 mil exemplares e fez parte da imprensa independente e alternativa brasileira durante a ditadura militar, muito lida por jovens universitários. Das cinco edições de *Flor do Mal*, publicadas entre 1971 e 1972, participaram nomes fundamentais da Contracultura brasileira como o próprio Maciel, Hélio Oiticica, o compositor e escritor Jorge Mautner, o poeta Waly Salomão, o artista gráfico Rogério Duarte.

A canção "Vapor barato" (Jards Macalé e Waly Salomão, 1971), gravada por Gal Costa no LP *Fatal*, tornou-se o hino melancólico da vida errante e da busca de liberdade existencial da juventude em meio aos Anos de Chumbo da ditadura:

[...]
Vou descendo por todas as ruas
E vou tomar aquele velho navio
Eu não preciso de muito dinheiro
Graças a Deus
E não me importa, honey
Oh, minha honey baby
[...]

Belchior, cantor e compositor que se revelou para o grande público nos anos 1970, também sintetizou os desencantos da juventude pós-68, proclamando que o "sinal está fechado para nós, que somos jovens". A busca de uma sociabilidade libertária e jovem em meio a um ambiente sufocante e repressivo, dado o contexto político dos anos 1970, teve outra grande expressão poético-musical com o grupo Clube da Esquina, surgido na cena musical de Minas Gerais, formado por Milton Nascimento, Beto Guedes, Lô Borges, Wagner Tiso. O estilo de vida simples e despojado, a crítica política e a busca de comunhão com a natureza davam o tom das letras de suas canções, cuja musicalidade complexa e sutil fundia o legado dos Beatles, o jazz, música regional mineira, poesia modernista, entre outros elementos. Em outra vertente, Raul Seixas e Paulo Coelho misturavam misticismo e Contracultura, fundando a Sociedade Alternativa em 1973, uma espécie filosofia mística e contracultural que, no fundo, era uma provocação libertária contra a sociedade estabelecida. A canção homônima dizia:

[...]
Se eu quero e você quer
Tomar banho de chapéu
Ou esperar Papai Noel
Ou discutir Carlos Gardel
Então vá!
Faz o que tu queres
Pois é tudo da lei!
Da lei!
[...]

Obviamente, os militares no poder não gostaram dessa outra "lei", na qual tudo pode e tudo vale, e prenderam Raul Seixas e Paulo Coelho (que partiria para o exílio, antes de se tornar um dos escritores mais vendidos em todo o mundo).

Os Mutantes, a primeira grande banda de rock brasileira, trouxeram o rock psicodélico e o rock progressivo para a cena musical brasileira. Rita Lee, depois de deixar a banda, teria uma longa carreira solo, trazendo um olhar feminino para as questões existenciais e para crítica comportamental, em meio a um ambiente musical dominado por compositores homens.

Domínio público / Acervo Arquivo Nacional, ago. 1969

A lendária banda Os Mutantes consolidou o rock como uma das expressões da cena contracultural brasileira no fim dos anos 1960.

O grupo Secos & Molhados, cujo sucesso comercial extrapolou a faixa etária mais jovem, trouxe para a cena fonográfica principal a questão da homossexualidade e da androginia, figurando um outro tipo de expressão corporal masculina em meio a uma sociedade machista e heteronormativa. Ney Matogrosso, o cantor do grupo, expunha partes do seu corpo e tinha uma performance marcada por movimentos suaves e sensuais dos quadris, pouco comum mesmo no ambiente do rock. Ao lado dos Dzi Croquettes, uma trupe de dança e teatro, os Secos & Molhados levaram a cultura *queer* (palavra de origem inglesa que designa minorias sexuais e de gênero alternativos aos padrões morais dominantes) para a cena contracultural brasileira.

Foi também a partir do início da década de 1970 que o estilo de vida *hippie* e suas comunidades alternativas efetivamente se disseminaram pelo Brasil. A mais famosa delas foi a comunidade dos Novos Baianos apelidada de "Cantinho do Vovô", um sítio em Jacarepaguá no qual um grupo de jovens artistas vivia de forma comunitária. Influenciados pelo tropicalismo, fundiam a tradição do samba com o rock 'n' roll.

Domínio público / Acervo Arquivo Nacional, ago. 1972

Os Novos Baianos misturaram a Contracultura e o rock às tradições mais antigas da música brasileira, como o samba e o choro.

No teatro, a peça *Hoje é dia de rock* encenava as mudanças comportamentais da juventude a partir da trajetória de uma família que sai do interior e vai morar em uma metrópole, em meio à "Revolução Jovem" que tomava conta do mundo. Os atores recriavam o clima de uma comunidade *hippie* e recebiam o público distribuindo flores. Antonio Bivar, autor teatral, escreveu textos que se tornaram referenciais de um teatro de contestação a partir da crítica de costumes, centrados em personagens femininos transgressores, como Cordelia Brasil e Alzira Power. Grupos teatrais jovens que se consagraram na segunda metade da década, como o Asdrubal Trouxe o Trombone, seguiram essa linhagem, acrescentando mais humor à mistura.

Na mesma época começaram a surgir as "feiras *hippies*" de artesanato nas cidades brasileiras, sinalizando certa assimilação desta subcultura pelo turismo e pelo *establishment*, pois esses eventos atraíam um público amplo, de várias idades, e passaram a ser autorizados pelo poder público. Essas feiras eram pequenos mercados públicos de produtos artesanais e artísticos produzidos, sobretudo, por jovens de comunidades *hippies*, em diálogo com a estética colorida e psicodélica.

Na ânsia de "se ligar e cair fora", os *hippies* dos anos 1970 desbravaram localidades pouco conhecidas, em meio à natureza, criando comunidades alternativas e "pontos de encontro" da juventude contracultural em Visconde de Mauá (RJ), Arembepe (BA), São Tomé das Letras (MG), Trindade (RJ), Canoa Quebrada (CE), entre outros lugares que, posteriormente, se tornariam parte do turismo *mainstream* no Brasil.

Na década de 1970, havia ainda uma forte subcultura jovem e politizada nos *campi* universitários, mas cada vez mais aberta às rupturas comportamentais trazidas pela Tropicália e pela Contracultura. A traumática derrota da luta armada e seu legado de torturas e desaparecimentos forçados não arrefeceu o movimento estudantil, cuja nova palavra de ordem passou a ser: "Pelas Liberdades Democráticas". A partir desse eixo, o movimento estudantil voltou às ruas em 1977, dessa vez abalando a ditadura, que, apesar das promessas de liberalização política feita pelo general Ernesto Geisel, o presidente que tomou posse em 1974, ainda não admitia contestações. A revolta estudantil de 1977, menos lembrada que a de 1968, foi um capítulo importante na luta da juventude contra a ditadura e pela democracia no Brasil.

Além disso, a juventude politizada brasileira do final dos anos 1970 incorporava novos temas, como direitos humanos, feminismo, ecologia e direito ao corpo (ou seja, o direito das mulheres de obter prazer sexual e se vestir como quisessem) e à diversidade sexual. Vivendo uma época paradoxal de desilusão, repressão política e heranças da pauta revolucionária dos anos 1960, essa nova juventude brasileira, conhecida como a "Geração AI-5", marcaria o período da chamada "Abertura política" e a transição democrática brasileira. Antigas dicotomias dos anos 1960 foram sendo matizadas ao longo da década seguinte: para a identidade jovem que emergia na segunda metade dos anos 1970, já era possível ser politizado *e* buscar novos padrões comportamentais, gostar de Caetano Veloso *e* de Chico Buarque, trazer o espírito comunitário jovem para dentro do movimento estudantil, defender o amor livre *e* a revolução socialista ou, pelo menos, a diminuição das desigualdades sociais no país.

UMA CONTRACULTURA TARDIA? A DÉCADA DE 1980

A expansão do ensino superior, os efeitos da modernização socioeconômica e o abrandamento da repressão política a partir do final dos anos 1970 estão por trás de uma nova onda contracultural e de um novo ciclo de expansão das subculturas jovens e contestadoras no Brasil. Enquanto a Contracultura entrava em declínio na Europa e nos Estados Unidos, deixando de ser um fenômeno de ruptura, entre nós, ela saía dos nichos da juventude de classe média alta e de artistas de vanguarda, como no início da década de 1970, para se consolidar como parte da cultura de massa juvenil e suburbana. Além disso, temas fundamentais como o direito ao corpo e ao prazer feminino, a pauta ecológica, o antirracismo e as reivindicações do então chamado "movimento gay" entraram em um outro patamar de ativismo, mais organizado e conseguindo gerar mais impactos na "grande imprensa" e na mídia.

Após 1979, a modernização econômica brasileira expandiu o acesso às universidades e consolidou a indústria cultural, facilitando acesso, inclusive, a produtos culturais de matriz letrada e erudita, divulgados pelo mercado editorial mais massivo (coleções literárias e filosóficas a preço acessível, fascículos, livros de divulgação). A matriz politizada da juventude de esquerda e a matriz contracultural se mesclaram e se disseminaram no conjunto da classe média jovem e escolarizada. A sombra da derrota das utopias de esquerda, sobretudo da opção de luta armada, além do esgotamento do ciclo mais radical da Contracultura *hippie*, propiciaram para a "Geração 80" uma revisão geral dos excessos, erros e acertos do radicalismo dos anos 1960, permitindo a incorporação das conquistas e ampliando seu alcance. Mesmo que o discurso da "crise das utopias", ou seja, a descrença no socialismo e na revolução popular como soluções para a maioria dos problemas sociais, já estivesse em gestação, o período da "Abertura" política significou uma nova esperança no futuro, à medida que foi marcado pela crença na democracia como redentora das mazelas sociais brasileiras e pela emergência de novos movimentos sociais. Essa utopia dos anos 1980 – ainda que menos global e abrangente do que a que vigorava nos anos 1960, da luta pelos direitos aliada ao novo ciclo de movimentos contraculturais – contrabalançou a sensação de derrota diante da longa vigência da ditadura, o desanimo causado pela crise econômica e pelo surgimento da aids (que colocou em xeque o discurso de liberdade sexual) e os efeitos do desemprego entre os jovens, dando novo alento à luta por um futuro mais promissor do que o presente.

Além do surgimento de movimentos populares sociais nos bairros e nas fábricas – movimentos de moradia, contra a inflação, movimento operário, feminista –, críticos ao autoritarismo e às políticas de exclusão social e econômica dos militares, o período foi marcado pela renovação de "movimentos de minorias", como eram chamados os que lutavam pelo direito das mulheres, dos negros e dos homossexuais.

Agora, o movimento negro explicitava uma crítica contundente ao que chamou de "mito da democracia racial" (marcado pela visão da elite branca de que não havia racismo no Brasil) e à "ideologia da mestiçagem" (que defendia a ideia de que não havia identidades raciais claramente demarcadas) como formas disfarçadas de branqueamento social e racismo à brasileira. O *black power* do início da década de 1970 foi visto como o inspirador desta nova fase da luta antirracista que exigia uma revisão da História Social do Brasil, do lugar reservado aos afrodescendentes e do "racismo estrutural" (praticado de maneira naturalizada nas relações sociais cotidianas) disfarçado sob a cordialidade e vivido no dia a dia. Neste sentido, o Movimento Negro Unificado, surgido em 1978, foi um marco: jovens intelectuais negros e antigos militantes antirracistas ressignificaram as identidades raciais brasileiras (afirmando a negritude) e elaboraram novas pautas de crítica e luta antirracista, como a denúncia da falta de oportunidades de emprego para jovens negros, as dificuldades dos negros no sistema de ensino e a violência policial potencializada pelo racismo.

A chamada Segunda Onda Feminista, iniciada nos anos 1960, também se expandiu no Brasil e se consolidou no período da "Abertura", incentivada pela conquista do direito ao divórcio, em 1977, e pela possibilidade de discutir o direito ao corpo e ao prazer femininos fora dos nichos de militância e da imprensa alternativa. Novos grupos feministas passaram a reivindicar políticas públicas voltadas para a saúde da mulher e a ampliação do espaço das mulheres dentro dos movimentos e organizações de esquerda, tradicionalmente machistas. A mídia comercial, incluindo a TV Globo, tradicional aliada da ditadura, atenta aos ventos de mudança, passou a incluir esses temas na sua grade de programação. Em 1979, o seriado *Malu Mulher* encenou o primeiro orgasmo feminino da TV, obviamente, ainda revestido de decoro e sutilezas no enquadramento e dramaturgia. Posturas e comportamentos da atriz Leila Diniz, morta em um acidente aéreo em 1972, foram vistos como inspiração para a "nova mulher brasileira": emancipada, independente e feminista, sem medo de enunciar sua busca de prazer e sem inibições moralistas. Sua foto na praia, grávida e com um minúsculo biquíni, tornou-se um ícone desse novo ideal de mulher brasileira, crítica, mas "sem culpa por ser feliz". O poeta Carlos Drummond de Andrade escreveria em uma crônica: "Leila para sempre Diniz. Sem discurso nem requerimento soltou as mulheres de 20 anos presas ao tronco de uma especial escravidão". Obviamente, muitas mulheres, até hoje, ainda estão sob esta "especial escravidão" que é a dependência econômica, a violência doméstica, a repressão sexual, mas esta opressão que se inicia no mundo privado da família e continua no mundo público, ao menos, já deixou de ser naturalizada e aceita como norma e padrão.

O movimento gay, como então se chamava o conjunto de movimentos que hoje preferem ser nomeados de LGBTQIA+, também se expandiu e se consolidou nos anos 1970 e início dos anos 1980. Homossexuais se organizavam no Brasil desde o início dos anos 1970, publicando jornais alternativos como *Lampião da Esquina* (1978-1981) e *Chana com Chana* (publicado de 1981 a 1987). Aliás, a proibição da venda deste último provocou a primeira grande manifestação pública de lésbicas contra a discriminação, ocorrida no Ferro's Bar, ponto de encontro no Centro de São Paulo. O "levante" chegou à imprensa e foi marcado pela leitura de um manifesto que, no fundo, apenas reivindicava o direito ao espaço público independentemente da orientação sexual:

> Faz de conta que sou tratada igualmente como todas as pessoas.
> Faz de conta que o restaurante que eu frequento me respeita como eu mereço.
> Faz de conta que a sociedade me encara sem preconceito.
> Faz de conta até quando?
> Você sabia que colegas suas, seres humanos como você, são postas para fora de nosso meio como seres leprosos?

A luta pelos direitos dos homossexuais também encontrava resistências dentro das organizações de esquerda, seja pela tradição heteronormativa predominante, seja pela visão de que as questões "subjetivas" como o direito ao corpo, ao prazer e à orientação sexual eram menores diante das tarefas consideradas mais urgentes da "revolução socialista" focada na conquista do Estado e na promoção da igualdade socioeconômica. Tradicionalmente, os grupos de matriz trotskista, como a Liberdade e Luta (Libelu) e a Convergência Socialista, eram mais abertos a essas novas pautas e comportamentos, discutindo, inclusive, a questão da liberação das drogas para uso recreativo. Já os partidos de esquerda mais "ortodoxos", como o Partido Comunista Brasileiro (PCB) e o Partido Comunista do Brasil (PCdoB), ainda que sensíveis às questões ligadas ao feminismo, consideravam "problemas burgueses" temas como liberação das drogas, sexualidade e questões de comportamento. Mesmo na Nova Esquerda brasileira, surgida no final dos anos 1970, essas pautas não eram facilmente assimiláveis. De todo modo, a fundação do Partido dos

Trabalhadores (PT) abrigou vários movimentos sociais herdeiros das lutas contraculturais que militavam ao lado dos movimentos sociais populares. O ativista Herbert Daniel, que havia participado da luta armada dos anos 1960 e voltara do exílio em 1981, tornou-se uma referência importante nesse campo de lutas, enfatizando os direitos dos homossexuais e a questão ecológica como centrais para a construção de uma nova sociedade, mais justa. As palavras "diversidade" e "inclusão" passaram a figurar no vocabulário das organizações e dos movimentos, tanto quanto "direitos" ou "revolução".

A volta de outro exilado, Fernando Gabeira também causou impacto nos debates que marcaram os anos finais da ditadura brasileira e o começo da Nova República, iniciada em 1985. Ele havia participado da luta armada e no sequestro do embaixador estadunidense em 1969, usado como moeda de troca para liberar presos políticos do regime. Em dois livros de muito sucesso – *O que é isso, companheiro?* (1979) e *Crepúsculo do macho* (1980) – e na sua atuação como jornalista, Gabeira disseminava a ideia da necessidade de uma revolução subjetiva e comportamental paralela ao ativismo político-partidário. Sua famosa foto na praia de Ipanema usando uma minúscula tanga de crochê tornou-se o símbolo da "Política do Corpo", pauta defendida por organizações e coletivos favoráveis à liberalização dos costumes e contrárias aos preconceitos, pregando uma nova mentalidade militante que unisse as lutas sociais com a garantia do direito ao prazer individual.

Os anos 1980 também foram marcados pela afirmação de novas subculturas juvenis, herdeiras das tribos contraculturais. Era a época dos "bichos-grilos", algo como neo-*hippies* mais moderados, dos *punks* e suas variações, dos "metaleiros" (adeptos do estilo *heavy metal*), da turma da *new wave* glamourosa, colorida e dançante, dos jovens dos bailes *blacks*. Mesmo a juventude "bem-comportada", que vivia sob as regras familiares e sociais, passou a abraçar algum dos estilos dessas subculturas. Identidade, atitude e estilo então se confundiam e eram formas de afirmação social e modernidade da juventude brasileira em tempos de abertura política e transição para a democracia. Isso não quer dizer que fossem totalmente espontâneos, eram fruto de seu tempo e, em grande parte disseminados e popularizados pela indústria fonográfica e da moda internacionais.

Como não podia deixar de ser, a trilha sonora musical dos jovens no início dos anos 1980 era variada e, muitas vezes, eclética, pois as fronteiras entre as tribos juvenis não eram plenamente definidas. Podia incluir a MPB "clássica" herdada dos (ou inspirada pelos) anos 1960, o ecletismo criativo da "Vanguarda Paulista", o *punk*, a música pop dançante, o novo rock brasileiro.

Entre o final dos anos 1970 e início dos anos 1980, a MPB vivia o auge do seu sucesso e popularidade. Símbolos de resistência cultural desde os Anos de Chumbo, nomes como Chico Buarque, Elis Regina, Gonzaguinha, Milton Nascimento, Ivan Lins, entre outros, eram as principais escolhas dos jovens mais politizados nas universidades e dos jovens profissionais de nível superior. Caetano Veloso e Gilberto Gil ainda eram referências fortes de uma cultura de vanguarda, sendo que Gil passou a incorporar na sua obra a música da diáspora africana, propiciando uma nova perspectiva para pensar a juventude "não branca" a partir de um olhar cosmopolita e transatlântico.

Também entre os jovens universitários das grandes cidades brasileiras, a Vanguarda Paulista (formada por Arrigo Barnabé, Itamar Assumpção, Grupo Rumo, grupo Premeditando o Breque) era muito apreciada, mantendo o espírito de ruptura e experimentalismo estético tributário do tropicalismo. O ponto de encontro desses músicos com seu público era uma pequena sala de espetáculos chamada Lira Paulistana, no bairro de Pinheiros, em São Paulo. Ao lado, a Vila Madalena se tornou o "bairro descolado" (considerado moderno, de vanguarda), frequentado pela juventude paulistana universitária e alternativa.

No início dos anos 1980, entretanto, o reinado fonográfico da MPB "clássica" enfrentaria a concorrência do emergente rock brasileiro como carro-chefe da indústria voltada para a juventude. O começo de 1982 foi chamado de "Verão do Rock", quando o gênero explodiu como tendência nacional a partir das praias cariocas. Dificuldades de conseguir tocar em gravadoras e nos teatros tradicionais, fez com que muitos grupos musicais alternativos se apresentassem num espaço chamado Circo Voador, montado na praia do Arpoador. O sucesso causado pelas novas bandas demonstrou o potencial do rock feito em português brasileiro para as *majors*, as principais gravadoras do país que até então tinham a MPB como referencial de vendas para a juventude de classe média. (A bem da verdade, tinha havido uma tentativa de consolidar um rock brasileiro nos anos 1970, mas salvo pela trajetória de Rita Lee e Raul Seixas, o gênero não conseguiu ir além de alguns nichos de consumo.)

O estouro da banda Blitz, saída da cena musical e teatral carioca, foi o começo da "febre do rock" feito com humor, referências à cultura pop, sons amplificados e distorcidos e batida dançante. Além da cena carioca, cidades como São Paulo, Brasília e Porto Alegre viram surgir bandas de rock dotadas de repertório próprio e mantendo a tradição crítica das letras de MPB. Em meados da década de 1980, a audiência jovem consagraria novas bandas como Barão Vermelho, Titãs, Paralamas do Sucesso, Capital Inicial, Ira, Legião Urbana, RPM, Engenheiros do Hawaii. Todas essas bandas (e seus repertórios) dialogavam com matrizes e estilos do rock e expressavam um inconformismo irreverente diante dos padrões tradicionais de comportamento, diante do autoritarismo político ou das contradições da democracia política que se instalou depois de 1985 (corrupção, falta de participação popular efetiva, violência policial contra protestos e movimentos sociais).

O talento poético de compositores como Cazuza, Arnaldo Antunes e Renato Russo foi também reconhecido pela crítica; suas letras incorporavam muitos elementos temáticos e formais da "poesia jovem" dos anos 1970 que, na década seguinte, também conheceria um inédito sucesso editorial, principalmente através das publicações da Editora Brasiliense. Assim, Paulo Leminski, Ana Cristina Cesar e Cacaso também circulavam entre os leitores mais jovens. Coletivos de poesia marcavam presença nos *campi* universitários e espaços alternativos de cultura. Nas letras das canções e dos poemas, claramente ligadas a tradições contraculturais consagradas nos anos 1960, os artistas expressavam um novo "ser jovem", pleno de angústias, prazeres, humores e esperanças. As temáticas eram mais densas, existenciais, transgressoras e críticas do que, por exemplo, as da extinta Jovem Guarda com seus "namoros de portão", briguinhas de gangue e rachas de automóvel. A juventude brasileira dos anos 1980 tinha se afastado das utopias radicais, mas estava longe da inocência pueril.

Paralelamente, em especial nas periferias e nos subúrbios industriais das grandes cidades, o início dos anos 1980 assistiu a afirmação de outras subjetividades e formas de sociabilidade jovem, como por exemplo, as inspiradas pelo movimento *punk,* além de novas subculturas ligadas a reinterpretação das identidades negras.

Organizado por Antonio Bivar, um dos decanos da Contracultura brasileira, o festival *punk* Começo do Fim do Mundo, realizado no Sesc Pompeia (São Paulo) em 27 e 28 de novembro de 1982, reuniu cerca de 10 bandas e 3 mil visitantes para as exposições e os shows. O *slogan* "De *punk* para *punk*", afirmava a independência do movimento e o ideal do "faça você mesmo" da cultura *punk* surgida na Inglaterra e presente na cena urbana brasileira desde o final dos anos 1970. O evento foi considerado um sucesso, embora tenha sido marcado por muitas brigas entre as "linhagens *punks*" e entre os *punks* e a polícia.

Além do estilo e atitude, o movimento *punk* dizia-se radicalmente "contra o sistema", postura potencializada pelo contexto autoritário da ditadura. O *punk* seguia o legado contracultural ao afirmar uma vontade de "produzir cultura", superando a precariedade material da juventude proletária e da degradação urbana das grandes cidades capitalistas. Transformou essas adversidades em matérias e temas para suas canções e modos de vida. Para além dos seus guetos urbanos e grupos autocentrados, o movimento *punk* influenciaria outras correntes da cultura pop, inclusive do *mainstream* e da moda, trazendo de volta o despojamento e o minimalismo depois da década de exageros da moda jovem dos anos 1970.

Arembepe e Águas Claras: onde os *hippies* se encontram

Na onda dos grandes festivais musicais da Contracultura jovem, como Woodstock, jovens brasileiros também quiseram se reunir para celebrar "paz, música e amor" ou, na versão mais radical, "sexo, drogas e rock 'n' roll" em dois grandes espaços contraculturais brasileiros dos anos 1970: o de Arembepe (BA) e o de Águas Claras/Iacanga (SP). Em meio ao clima de autoritarismo que dominava o Brasil de então, ambos conseguiram agregar milhares de jovens em busca de novas sociabilidades, compartilhando experiências em habitações comunitárias, culto à natureza, amor livre, drogas e saraus poéticos e musicais.

Arembepe, uma pequena vila de pescadores, transformou-se em uma espécie de aldeia *hippie* pioneira no Brasil, a partir de 1969. O lugar se tornou famoso no mundo inteiro, a ponto de grandes ícones da juventude, como Mick Jagger, Keith Richards, Janis Joplin e Dennis Hopper passarem temporadas por lá. Mas, nem por isso, os *hippies* de Arembepe e da Bahia deixaram de ser reprimidos pela polícia da ditadura, que via o local como um "antro de maconheiros, comunistas e devassos". Ao lado de Visconde de Mauá (RJ), Arembepe se tornaria uma espécie de "lugar de memória" da Contracultura brasileira, onde ainda hoje muitos buscam "refúgio", adotando um tipo de vida inspirado pelos antigos *hippies*.

O primeiro Festival de Águas Claras (1975) foi marcadamente dedicado ao rock progressivo e à afirmação da cultura *hippie* brasileira. Os outros três posteriores (1981, 1983 e 1984) foram mais ecléticos em termos de música e público. Em 1983, no palco estiveram desde Artur Moreira Lima, com seu piano de cauda e repertório clássico, João Gilberto, com seu banquinho e violão tocando bossa nova, Egberto Gismonti, apresentando um free jazz inspirado em ritmos e gêneros musicais brasileiros, como o chorinho, e Raul Seixas, já considerado um ícone da Contracultura e do rock nacional. Todos foram aplaudidos, demonstrando o gosto musical de uma juventude que ainda não era completamente "tribalizada", que trazia em si as marcas do hibridismo, inevitáveis na intensa busca de abrir-se para o mundo e para múltiplas formas de cultura, num ambiente descontraído de depois de 20 anos de regime militar, censura e "patrulhas ideológicas". No mesmo espírito de Woodstock, a parte comercial do evento foi suplantada, em muito, pelo espírito de comunhão caótica das diversas "tribos" da juventude.

Mas, como todo sonho, esse também acabou. O festival de 1984 seria marcado por desorganização e incidentes que desmotivaram os organizadores, que eram mais "jovens em busca de experiências culturais" do que propriamente empresários. No ano seguinte, o Rock in Rio, o primeiro grande festival de música pop e rock do Brasil, seria um evento limite: uma experiência social musical digna da Contracultura, mas, ao mesmo tempo, um evento organizado pelo mercado, em moldes empresariais, ao contrário do amadorismo, baixo orçamento e improviso do Festival de Águas Claras.

LEITURAS COMPLEMENTARES

BIVAR, Antonio. *Punk*. São Paulo: Barbatana, 2018.

BOSCATO, Luiz A. L. *Vivendo a sociedade alternativa*: Raul Seixas no panorama da Contracultura jovem. São Paulo, 2006 Tese (Doutorado em História Social) – FFLCH/USP.

CARVALHO, Cesar Augusto. *Viagem ao mundo alternativo*: a contracultura nos anos 80. São Paulo: Editora Unesp, 2008.

DIAS, Lucy. *Anos 70*: enquanto corria a barca. São Paulo: Edições Senac, 2003.

FAVARETTO, C. *Tropicália, Alegoria, Alegria*. 5. ed. Cotia: Ateliê, 2021.

KAMINSKI, Leon. *Contracultura no Brasil, anos 70*: circulação, espaços e sociabilidades. Curitiba: CRV, 2020.

PAES, Maria Helena Simões. *A década de 60*: rebeldia, contestação e repressão política. 4. ed. São Paulo: Ática, 1992.

REIS, Paulo. *Arte de vanguarda no Brasil dos anos 1960*. Rio de Janeiro: Jorge Zahar, 2006.

SUGESTÃO DE OBRAS DE FICÇÃO, BIOGRAFIAS E LIVROS DE MEMÓRIAS

GABEIRA, *O que é isso, companheiro?* Rio de Janeiro: Estação Brasil, 2016 [1979].
Autobiografia que marcou época e propôs uma revisão crítica da luta armada de esquerda dos anos 1960 no Brasil.

MACIEL, Luís Carlos. *Geração em Transe*: memórias do tempo do tropicalismo. Rio de Janeiro: Nova Fronteira, 1996.
Autobiografia de um dos "gurus" da Contracultura brasileira, o jornalista e diretor de teatro Luís Carlos Maciel.

PAIVA, Marcelo R. *Meninos em fúria*: e o som que mudou a música para sempre. Rio de Janeiro: Alfaguara, 2016.
Sobre a explosão do *punk rock* na São Paulo dos anos 1970.

VAZ, Toninho. *O solar da fossa*. Rio de Janeiro: Casa da Palavra, 2011.
Relato das vivências na "casa coletiva" situada no Rio de Janeiro, que também foi uma comunidade de artistas jovens da Contracultura brasileira.

VELOSO, Caetano. *Verdade Tropical*. São Paulo: Companhia das Letras, 2017.
Misto de biografia e crônica da vida cultural brasileira, com foco nos anos 1960, a partir da visão de um dos maiores artistas brasileiros de todos os tempos.

SUGESTÃO DE FILMES DE FICÇÃO E DOCUMENTÁRIOS

O barato de Iacanga. Dir.: Thiago Mattar, Brasil, 2019.
Documentário bem-humorado sobre o Festival *hippie* de Iacanga, que sacudiu uma pequena cidade do interior de São Paulo entre os anos 1970 e 1980.

Dzi Croquettes. Dir.: Tatiana Issa, Raphael Alvarez, Brasil, 2010.
Biografia coletiva do grupo que procurou revolucionar a relação entre sexualidade e arte no Brasil da ditadura militar.

Tatuagem. Dir.: Hilton Lacerda, Brasil, 2013.
Filme inspirado nas viagens comportamentais e estéticas de uma comunidade de artistas de Recife nos anos 1970.

O Bandido da Luz Vermelha. Dir.: Rogério Sganzerla, Brasil. 1968.
Clássico do cinema moderno brasileiro, que apresenta uma visão pop do bandido que aterrorizou a cidade de São Paulo, figurado como um subproduto do subdesenvolvimento.

Utopia e barbárie. Dir.: Silvio Tendler, Brasil, 2009.
Documentário que faz uma revisão sobre as lutas da esquerda e da juventude radicalizada dos anos 1960, incluindo seus impasses e derrotas.

O Sol - caminhando contra o vento. Dir.: Tetê Moraes, Brasil, 2006.
Documentário sobre o encarte impresso que era lido pela juventude universitária brasileira dos anos 1960, um dos primeiros a veicular as ideias relacionadas à contestação jovem.

1972. Dir.: José Emílio Rondeau, Brasil, 2006.
Comédia melodramática sobre os jovens dos anos 1970 na cidade do Rio de Janeiro, vivendo entre os medos da ditadura e a paixão pela música.

Outras cores da Contracultura

Para muitos, a imagem consagrada da "juventude contracultural" evoca jovens louros, de olhos azuis, cabelos longos e lisos enfeitados com flores ou a estudantes franceses bem-vestidos protestando nas ruas cênicas de Paris. Mas a história da Contracultura também inclui outras imagens, rostos e lugares.

A JUVENTUDE NEGRA NOS ESTADOS UNIDOS NO FINAL DOS ANOS 1960

Entre junho e agosto de 1969, no mesmo verão do Festival de Woodstock, consagrado (e cultuado por muitos) como "o símbolo máximo da Contracultura", acontecia em Nova York o Festival Cultural do Harlem. Ao longo de seis domingos, sob a vigilância de membros dos Panteras Negras, que faziam a segurança do evento com medo tanto de ações racistas como da disputa de gangues locais, grandes nomes do jazz, do blues e da soul music se apresentaram para uma plateia formada, majoritariamente, por pessoas negras. Pelo palco, passaram Stevie Wonder, Mahalia Jackson, Nina Simone, B. B. King, além de corais de igreja e grupos musicais latinos.

O mundo celebraria Woodstock, mas esqueceria o Festival do Harlem, mesmo que este tenha sido muito mais que um evento local. O "esquecimento" desse festival é revelador das tensões raciais existentes na sociedade americana em geral e na Contracultura em particular: apesar das inegáveis conquistas na luta pelos direitos civis, que uniu muitos brancos e negros em torno da causa, e da importância da cultura negra para a construção do rock e da música pop *mainstream* dos anos 1960, as narrativas correntes da História da Contracultura relegaram a um papel secundário os artistas negros e a juventude negra. Mas não foi bem assim que aconteceu.

No final dos anos 1960, com o assassinato de Martin Luther King e a radicalização da juventude branca em oposição ao sistema e à Guerra do Vietnã, as tensões políticas e raciais cresceram muito. Do começo dessa guerra até 1967, a maior parte dos recrutas e voluntários negros acabava inserida nas unidades de combate em terra, o que resultou em uma alta mortalidade entre esses jovens, desproporcional à sua representação na população como um todo (20% das baixas, em contraste com o índice de 11% da população masculina dos Estados Unidos). Além das desigualdades socioeconômicas, mesmo em lugares onde não havia segregação legalizada, a juventude negra sofria com o racismo generalizado, a violência social e a repressão policial baseada no "perfil racial" (ou seja, a visão preconceituosa de que todo negro era um criminoso em potencial ou suspeito). Para piorar a situação, a expansão do uso de drogas nos anos 1960 teve especial impacto sobre a juventude negra, particularmente nas grandes cidades dos Estados Unidos. Em uma situação de pobreza, violência e racismo, a combinação da dependência química com a criminalidade que controlava o lucrativo tráfico de drogas teve especial impacto, por exemplo, no próprio Harlem, famoso "bairro negro" de Nova York.

Militantes do movimento negro avaliaram que a criminalização da juventude negra, seu abandono por parte do Estado e a falta de políticas sociais para os dependentes químicos eram formas veladas de combater o vigor das lutas antirracistas da época. Afinal, a imagem de jovens negros drogados, prostrados nas calçadas ou em habitações coletivas degradadas, era a antítese dos princípios defendidos pelo black power – calcados no orgulho racial, no controle de si e na altivez diante da sociedade branca –, que caracterizavam até então a militância pelos direitos civis.

Em fins da década de 1960, diversos políticos aliados a setores conservadores da sociedade americana passaram a exigir uma política de "lei e ordem" para combater a criminalidade, mas também para "pacificar" a juventude rebelde – branca e negra – dos movimentos antirracistas. A preocupação com a saúde dos filhos e com o risco de morte por *overdose* de drogas era genuína entre as famílias. Mas parte da mídia e do sistema político interpretava o aumento do uso de drogas entre os jovens como produto da decadência moral e da liberalização de costumes incentivada pela Contracultura e pelos movimentos de contestação nos *campi* universitários. A associação feita entre o crescimento do uso de narcóticos, a Contracultura e o movimento *hippi*e criou um clima propício para a afirmação de políticas conservadoras e repressivas. Especialmente a partir de 1966, multiplicaram-se as prisões por porte de drogas como maconha e heroína.

A disseminação da heroína, particularmente na classe média branca no final dos anos 1960, reforçou a política de "guerra às drogas" por parte das autoridades oficiais. Contudo, a demanda por "lei e ordem" e o consequente combate à disseminação das drogas tiveram efeitos distintos sobre as comunidades brancas e negras.

Para os jovens brancos de classe média, a reação do sistema significou, sobretudo, a ampliação de políticas pública de reabilitação da dependência. A juventude branca foi vitimizada, passando a receber os maiores investimentos para tratamento do vício. Já para os jovens negros dos chamados "guetos", como o Harlem, a reação do sistema significou mais repressão policial, incluindo a internação forçada e a criminalização de usuários. O governador do estado de Nova York, onde ficava a cidade homônima, Nelson Rockefeller, justificou o aumento da repressão associando o vício ao crime. Como forma de combater a "epidemia de drogas" que se alastrava, traficantes e usuários negros e latinos passaram a receber um tratamento policial e judicial mais duro, e o bairro do Harlem foi considerado o epicentro da expansão do vício, do tráfico de drogas e da criminalidade.

Contra a ideia de um bairro degradado, cujas ruas eram ocupadas por uma juventude criminosa e viciada, foi promovido o Festival Cultural do Harlem. Mas, como as imagens do evento, captadas pelo cinegrafista Hal Tulchin, iam na contramão das ideias que justificavam a repressão à juventude negra, em especial aos Panteras Negras, elas não interessaram às pautas da grande mídia. Nas cenas, o que se vê são pessoas de várias idades (famílias, vizinhos), não apenas jovens, apreciando os shows pacificamente e celebrando seu orgulho racial. Somente em 2021, o documentário *Verão do Soul* foi lançado comercialmente, editado a partir das imagens captadas 50 anos antes, dirigido pelo músico Ahmir Thompson, mais conhecido como Questlove. A propaganda do documentário, vencedor do Oscar em 2022, lembrou o "desinteresse" da mídia dominante pelo evento: "A Revolução não podia ser televisionada".

As imagens do *Verão do Soul*, finalmente dadas a ver, nos permitem outras perspectivas históricas sobre a Contracultura e a juventude dos anos 1960, para além do "Verão do amor" *hippie* e das imagens imortalizadas de Woodstock. Não se trata de avaliar qual evento foi o mais importante, mas de delinear a Contracultura em sua diversidade e pluralidade de formas, sem que uma imagem apague a importância histórica das outras.

De fato, a relação da cultura afro-americana com a indústria cultural dominante no país foi bem mais complexa (e contraditória) do que fazem crer os relatos tradicionais sobre a era da Contracultura. Como já foi dito, os anos 1960 viram a ampliação do mercado de consumo musical e cultural, sobretudo no grupo etário das pessoas entre 18 e 25 anos de idade. Nesta faixa de mercado, as antigas separações raciais exemplificadas pelos *race records* (gravações voltadas especificamente para a audiência negra), vigentes até os anos 1950, não tinham mais efeito: jovens brancos consumiam cada vez mais músicas compostas por artistas negros, que por sua vez se tornavam ídolos da juventude para além dos guetos raciais. A moda *black power* e o som da black music seriam grandes sensações da indústria cultural no final dos anos 1960, renovando a linguagem da Contracultura não apenas nos Estados Unidos, mas no mundo todo.

O som da black music, particularmente do gênero soul (expressão fundamental da juventude negra nos anos 1960 e 1970), foi forjado na gravadora Motown Records, fundada em 1959 por Berry Gordy na cidade de Detroit. Apesar de não ser marcada, inicialmente, por canções socialmente comprometidas, a gravadora Motown ficaria imortalizada como uma usina sonora da Contracultura negra e uma das mais importantes gravadoras de sua época. Detroit concentrava a indústria automobilística dos Estados Unidos, e havia uma grande quantidade de trabalhadores negros na cidade, fruto da migração vinda do Sul no começo do século XX. Se a vizinha Chicago era o centro criador do rhythm'n blues, Detroit ficaria associada à soul music, caracterizada por uma percussão seca, instrumentos de sopro que reforçam a marcação rítmica das canções e adaptações para a estética pop do canto coral religioso dos afro-americanos, conhecido como gospel, buscando um efeito dançante pela repetição de uma frase por um coro. Não por acaso, os primeiros grandes sucessos da Motown foram os grupos vocais femininos, como The Vandellas, The Marvelettes e The Supremes. Involuntariamente, o sucesso dos artistas jovens negros em meio à efervescência da luta pelos direitos civis transformou canções da gravadora em hinos de luta, como no caso de "Dancing in the Streets" (The Vandellas, de 1964), na qual o apelo para "dançar nas ruas" foi visto como metáfora dos protestos antirracistas e pelos direitos civis que agitavam as cidades dos Estados Unidos. Grandes cantores da black music como Stevie Wonder e Marvin Gaye também passariam pela Motown. No final dos anos 1960, o conjunto The Jackson 5 alcançaria sucesso mundial com canções e coreografias em estilo soul. Uma das principais atrações do grupo era o prodígio mirim Michael Jackson, que participou do The Jackson 5 dos 6 aos 17 anos de idade. (No final dos anos 1970, já em carreira solo, Michael Jackson se tornaria o artista pop mais famoso do mundo.)

Fora do selo da Motown, o cantor James Brown foi um dos grandes representantes do soul, mas também dos estilos que viriam a ser conhecidos como funk e rap, gêneros da black music que marcariam os anos 1970 e 1980, respectivamente. Brown alcançou sucesso nacional já no começo dos anos 1960 com extravagantes performances de palco, apelando à dança e ao prazer sensorial, ao mesmo tempo que retomava o clima de transe coletivo da musicalidade ancestral africana. Embora exercesse um relevante ativismo social, apoiando iniciativas de combate à evasão escolar e ao culto às drogas, Brown foi, em alguns momentos, na contramão da radicalização jovem dos anos 1960. Uma de suas canções contra a evasão escolar, sintomaticamente, chamou-se "Don't be a drop out" (em tradução livre "Não caia fora"), uma antítese do famoso *slogan hippie*. Mesmo apoiando a luta pelos direitos civis, Brown era contra levantes raciais violentos e tinha bom trânsito entre a elite política brancas, chegando a lançar uma canção patriótica em 1968 "America is my home". Um dia após o assassinato de Martin Luther King, Brown se apresentou em Boston e pediu calma à plateia revoltada, e até hoje a mídia e os historiadores lhe atribuem a façanha de evitar com isso uma grande revolta na cidade, de consequências imprevisíveis. A militância social e antirracista de Brown caminhava sobre um fio tênue entre a afirmação do orgulho negro e a assimilação do *American Way of Life* tradicional, com seu culto ao *self made man*.

Nos anos 1980, os estilos rap e hip-hop renovariam a black music. O rap se caracteriza por canções declamadas a partir de uma base rítmica (daí o termo "rap", sigla que significa "ritmo e poesia"), acompanhada de efeitos sonoros quase sempre produzidos por DJs que operam mesas de sons e *pick ups* (os antigos "toca discos", em português). A sigla DJ passou a significar uma espécie de "editor de sons" que cola temas melódicos, batidas, timbres, efeitos sonoros, para conduzir o movimento dos corpos que fruem a música na pista de dança. O estilo dialoga com a música eletrônica também voltada para a dança, surgida nos anos 1970, cuja marca é o uso do sintetizador, instrumento que produz efeitos sonoros e timbres artificiais imitando instrumentos musicais. Tanto a música eletrônica quanto o rap não são caracterizados por canções convencionais, com duração temporal fixa, número de compassos limitados, letras com refrão, melodias com ponto de repouso tonal. São "situações musicais" que celebram rituais coletivos de dança e encontro de pessoas, ainda que, frequentemente, os corpos dancem separados, ao contrário das antigas "pistas de dança".

O hip-hop, por sua vez, passou a significar um estilo cultural mais amplo do que o gênero musical a ele associado, agregando dança, grafitti urbano, atitude comportamental e moda caracterizada por calças e camisetas largas, coloridas, tênis vistosos maiores que tamanho do pé, colares, óculos e bonés extravagantes. Roupas e assessórios como esses utilizados pelos jovens ligados ao hip-hop chegariam a influenciar também a moda *mainstream*. O hip-hop se espalharia pelo mundo no final dos anos 1980, tornando-se um dos gêneros centrais da indústria fonográfica e propiciando adaptações e transformações locais como ocorreu no Brasil, na França, em Cuba e vários outros países.

A integração dessas várias formas de expressão reafirmou, dentro da Contracultura jovem, uma subcultura específica autointitulada "negra e periférica" num contexto de mudanças no ativismo sociocultural dessa juventude e na luta antirracista. Seus temas são diversos, incluindo diversão descompromissada, cultura de gangues, encontros sexuais, mas também, principalmente, críticas à violência policial e ao racismo.

Ambos, rap e hip-hop, surgiram nos guetos negros e latinos da cidade de Nova York, no final dos anos 1970, quando gangues de rua expressavam suas rivalidades através de disputas simbólicas tendo como base a improvisação poética e a dança acrobática. Mas a sonoridade que deu origem ao rap, além de remeter ao canto falado de James Brown, tem suas origens no ativismo cultural do DJ Kool Herc (pseudônimo de Clive Campbell), que apresentou aos jovens nova-iorquinos o canto falado de matriz caribenha que fazia a crônica da vida cotidiana, acompanhado de sistemas de som altamente potentes. Em suas "festas de quarteirão", ele unia diversão em espaços públicos com conscientização social e racial. Assim, mostrava ao *establishment* que as ruas dos guetos não eram apenas locais de degradação social e humana, ocupados por "delinquentes e viciados".

Kool Herc, na verdade, não nasceu nos Estados Unidos, mas em uma pequena ilha do Caribe, ex-colônia da Inglaterra, que se tornou fundamental para a história da Contracultura como um todo, e negra, em particular: a Jamaica.

DO CARIBE A PORTOBELLO ROAD: A CONTRACULTURA DA DIÁSPORA AFRO-AMERICANA E AFRICANA

A pequena Jamaica é frequentemente esquecida quando se fala em Contracultura e movimentos juvenis de contestação, ainda que seu produto musical mais famoso, o reggae seja popular no mundo inteiro.

Uma forte onda migratória na década de 1960 e 1970 levou milhares de jovens jamaicanos aos Estados Unidos e à Inglaterra em busca de emprego e melhores condições de vida. Com eles, vieram os gêneros musicais dançantes que animavam os bailes populares da região do Caribe, como o ska e o reggae, influenciando toda uma geração de músicos e ouvintes.

Na Inglaterra, jamaicanos e outros afrodescendentes vindos do Caribe se concentraram no bairro de Londres chamado Notting Hill a partir dos anos 1950, atraídos pela política de incentivo à imigração destinada a reconstruir o país arrasado pela Segunda Guerra Mundial. Tensões sociais com os trabalhadores brancos pobres que também habitavam o local não demoraram a surgir, agravadas pelo racismo existente. Em 1958, os conflitos entre gangues juvenis de negros e de brancos se transformaram em distúrbios raciais de maior escala. Curiosamente, boa parte dos jovens negros se identificava mais com a sociedade britânica do que com seus países de origem, mas percebia que os negros não tinham oportunidades e acolhimento para serem plenamente assimilados. Como forma de protesto e resistência contra o racismo e a violência policial, os imigrantes caribenhos criaram um carnaval próprio, que nos anos 1960 daria origem ao famoso Carnaval de Notting Hill, considerado pelos analistas uma das grandes expressões políticas e culturais da juventude negra, sobretudo aquela filha de imigrantes, mas já nascida na Inglaterra, em busca de igualdade e em luta contra a discriminação racial. Na canção "Nine out of ten", composta no seu exílio londrino e lançada em 1972, o compositor Caetano Veloso destacou a presença da música caribenha jovem no bairro: "Caminhando pela Portobello Road ao som do reggae...". Poucos anos depois, em 1976, durante a festa de Carnaval ocorreria um grande confronto entre policiais e jovens negros.

Partidos de extrema direita incentivavam o racismo, disseminando a campanha *Keep Britain White* ("Mantenha a Bretanha Branca"), que teve apoio de ninguém menos do que Eric Clapton, o grande guitarrista vivo do rock. Em resposta, foi criada a organização Rock Against Racism (RAR), que reuniu multidões de jovens brancos e negros em concertos antifascistas e contra o racismo. No seu manifesto, o RAR questionou Clapton: "O maior colonialista da música britânica dizendo isto! Você é um bom músico, mas onde você estaria sem o blues e o R&B?". Nos concertos promovidos pela RAR, além do nascente punk rock, estava presente o reggae, demonstrando o poder mobilizador da Contracultura inglesa multicultural. Até 1980, essa organização conseguiu mobilizar milhares de jovens, brancos e negros, contra o racismo e a ultradireita que, ironicamente perdeu espaço na sociedade inglesa com a ascensão da direita conservadora tradicional sob o governo de Margaret Thatcher. Nem por isso, a vida dos imigrantes ficaria mais fácil.

Reggae como denominador de um estilo musical apareceu em 1968 herdeiro de outros influentes gêneros dançantes surgidos na Jamaica a partir do final dos anos 1950. O primeiro deles foi o ska, produto da fusão de ritmos caribenhos com o rhythm'n blues e o jazz norte-americano. O ska é um tipo de música de andamento rápido, com uma marcação rítmica sincopada, com predominância de instrumentos de sopros e percussão. Depois veio o rocksteady, surgido por volta de 1966, mais lento e com presença de mais timbres instrumentais como teclados e baixo elétrico. Seguindo essa dupla linhagem musical, ao buscar andamento mais lento combinado com mais riqueza timbrística, surgiu então o reggae. Todos esses gêneros jamaicanos eram marcados por letras que convidavam à diversão, mas também denunciavam as dificuldades sociais, as mazelas políticas, o colonialismo e o racismo.

Portanto, quando surgiu o termo reggae, a pequena ilha já tinha uma tradição de fundir gêneros musicais locais com a tradição do rock e do jazz. O reggae foi logo adotado pela juventude *mod* branca da Inglaterra e, depois, popularizado pelos Beatles entre a juventude ocidental, com o lançamento da canção "Ob-la-di Ob-la-da" em 1968. As gravações promovidas pela Island Records, fundada na Jamaica, mas transferida para a Inglaterra, difundiram a música pop jamaicana pelo mundo. Nos anos 1970, o reggae se consolidou ao ser incorporado por várias subculturas jovens, de surfistas a *punks*.

O maior ídolo do gênero, verdadeiro ícone da Contracultura, foi Bob Marley. Junto com Peter Tosh e Bunny Wailer, no começo dos anos 1960, ele fundou o lendário conjunto The Wailers. No começo dos anos 1970, eles gravaram vários discos pela Island Records, tornando-se conhecidos internacionalmente. O reggae de Bob Marley é uma mescla de atitude política com valores religiosos e espirituais. Em 1966, Bob Marley se converteu à religião rastafári, releitura de tradições judaico-cristãs nascida na Jamaica na década de 1930. Sua casa em Kingstown tornou-se, nos anos 1970, uma espécie de "comunidade *rasta*" além de centro de ativismo político na luta por justiça social do Movimento Rastafári. Seus adeptos cultuavam Haile Selassie, imperador da Etiópia desde 1930, que se apresentava como descendente da rainha de Sabá e do rei Salomão, figuras bíblicas ligadas à tradição judaica. Consideravam Selassie a representação terrena do Deus bíblico, chamado pelos rastafáris de Jah. Selassie tinha grande carisma por ter sido um dos poucos chefes de Estado africanos que conseguiu resistir ao violento colonialismo europeu, mantendo-se no poder enquanto outros governos locais eram depostos ou subjugados. Isso nos leva a outro elemento fundamental do Movimento Rastafári: o pan-africanismo, inspirado nas ideias do ativista Marcus Garvey. Garvey era um crítico da integração racial, defendendo o ideal de uma África unida e repovoada por negros emigrados das Américas, como uma forma de retorno à "terra prometida", roubada pelo colonialismo europeu. Ele morou no Harlem (bairro de Nova York) e fundou vários movimentos antirracistas e anticolonialistas a partir de sua militância sindical e sua produção intelectual.

Eddie Mallin, 6 jul. 1980 (CC BY 2.0)

Bob Marley foi um exemplo de Contracultura e música pop nascida fora dos grandes centros urbanos europeus e norte-americanos.

Como não havia propriamente uma sistematização filosófica ou teológica desses princípios, o Movimento Rastafári costuma ser identificado mais como mais um modo de vida espiritualizado, cujas bases são o culto à paz, ao equilíbrio entre corpo e mente, o vegetarianismo e o uso ritual da *cannabis* (maconha). O corpo, considerado um templo do espírito, não pode sofrer nenhuma intervenção externa, por isso os *rastas* deixam o cabelo crescer e formar os *dreadlocks*, as famosas "trancinhas" que se tornaram símbolo de identidade afro. A filosofia pan-africanista rastafári, ao lado do *black power* estadunidense, promoveu o orgulho negro entre os jovens afrodescendentes de todo o mundo, sobretudo entre os membros da chamada "diáspora africana" fruto do escravismo moderno e do colonialismo.

A CONTRACULTURA JOVEM NEGRA PERIFÉRICA NO BRASIL

O Brasil, sobretudo as suas grandes metrópoles como São Paulo e Rio de Janeiro, também foi palco de um importante movimento da juventude negra em diálogo com tendências musicais e culturais internacionais, de afirmação de uma identidade jovem "negra e periférica". A black music, englobando inicialmente a soul music e o funk, ganhou destaque no cenário fonográfico brasileiro com artistas como Tim Maia, Jorge Ben(jor) e Tony Tornado a partir do final dos anos 1960. Em novembro 1969, o Clube Astória, no Rio de Janeiro, foi o palco do primeiro baile com repertório e elenco formados apenas por artistas negros.

A batida e os timbres da black music acabaram extrapolando a comunidade afro-brasileira, e podiam ser notados nos álbuns de cantores da própria MPB entre 1969 e 1972, como Elis Regina e Ivan Lins. Na TV, o Trio Esperança fazia bastante sucesso, interpretando canções afinadas com o soul *à la* Motown.

Toni Tornado e os Panteras Negras

No Festival Internacional da Canção (FIC) de 1971, enquanto Elis Regina cantava "Black is Beautiful", Tony Tornado subiu ao palco do Maracanãzinho e ergueu seu punho fechado, reproduzindo o gesto de luta dos Panteras Negras. O Departamento de Ordem Política e Social, a polícia política da ditadura, não gostou, e Tony saiu de lá preso. Tony havia empolgado o FIC do ano anterior com a canção "BR-3", a primeira canção de gênero soul em português a fazer grande sucesso, em pleno auge da MPB. A dança inspirada em James Brown, praticada durante suas andanças pelo Harlem como imigrante ilegal, e sua forte presença de palco com seu 1 metro e 90 de altura hipnotizava plateias de jovens de todas as cores. Logo Tornado tornou-se uma espécie de divulgador do *black power* no Brasil. Canções como "Sou Negro" (Getúlio Cortes/Ed Wilson) não deixam dúvidas sobre a mensagem de afirmação racial por trás da mensagem de amor.

> Não sei por que vocês têm tanto orgulho assim
> Você sempre (você sempre)
> Me despreza (me despreza)
> Sei que sou negro, mas ninguém vai rir de mim
> [...]
> O meu caráter não está na minha cor
> [...]
> O meu futuro é conseguir o seu amor

O punho cerrado no palco do FIC em 1971 só confirmou a ojeriza dos militares, que não temiam apenas os comunistas "vermelhos", mas também os negros que denunciavam o racismo e defendiam posturas antirracistas mais incisivas. Para os militares não havia luta de classes ou conflitos raciais no Brasil, e quem dissesse o contrário era rotulado de comunista. Como fizeram com tantos outros artistas da época, os militares "sugeriram" a Tony Tornado que ele fosse embora do país. Depois de perambular por algum tempo na América Latina e na Europa, entre 1972 e 1983, Tony Tornado voltou ao Brasil e seguiu com sua carreira artística.

Assim como o rock, a black music chegou a ser criticada no Brasil por intelectuais de direita e de esquerda, vista como mera importação de modismos propagados pela indústria cultural estadunidense. Para a direita, não havia racismo no Brasil, e os militares no poder desde o Golpe de Estado de 1964 reafirmaram a ideologia da "democracia racial" e da mestiçagem surgida nos anos 1930 – quem discordasse era tratado como "subversivo". Para a esquerda socialista e comunista mais ortodoxa, a "questão racial" era secundária, menos importante do que a "questão de classe", já que o racismo era "um subproduto da exploração da classe operária pela burguesia e da nação subdesenvolvida pelo imperialismo". Portanto, para ambos os polos ideológicos, a afirmação de uma identidade racial na juventude da classe trabalhadora brasileira era perniciosa para a "verdadeira identidade" a ser construída, seja nacional ou classista. Além disso, a direita via nos bailes da juventude suburbana uma ameaça à ordem social, enquanto a esquerda, mais intelectualizada, via no gosto pelas danças e modas importadas, mera alienação e escapismo diante dos problemas sociais.

Indiferente a essas críticas, a juventude negra brasileira queria se divertir e se encontrar, aproveitando as poucas oportunidades de lazer e cultura que se lhes ofereciam. Em meados dos anos 1970, bailes populares animados pela black music se tornaram um grande fenômeno social, criando redes socioculturais invisíveis aos olhos da grande mídia e da esquerda intelectual. Gilberto Gil captou a formação dessa nova "negritude" orgulhosa de si e cosmopolita, fruto contraditório da modernização e da urbanização, na canção "Refavela" (1977):

> A refavela
> Revela o passo
> Com que caminha a geração
> Do *black* jovem
> Do Black Rio
> Da nova dança no salão

O Rio de Janeiro foi um importante centro irradiador dessa nova forma de sociabilidade musical racializada: os bailes, que eram pontos de encontro da juventude afrodescendente. Nesses bailes – organizados dentro de grandes ginásios ou galpões de eventos, reunindo milhares de jovens ao mesmo tempo –, os produtores culturais eram também ativistas sociais; havia músicos que tocavam ao vivo e equipes que operavam "sistemas de som" altamente potentes tocando música gravada. A partir dos circuitos de bailes, várias carreiras musicais se consolidaram no mercado fonográfico, como as de Cassiano, Dom Filó, Sandra de Sá, Dom Salvador, Ed Lincoln. Tim Maia, Jorge Ben(jor) e Gerson King Combo compuseram clássicos da black music em português. O grupo Black Rio (formado em 1976), citado na letra de Gil, fez sucesso até o final dos anos 1970, tendo gravado discos antológicos e se transformado no epicentro de um movimento cultural que foi além da música, o Movimento Black Rio. O historiador Christopher Dunn destaca que os "bailes *blacks*" do Brasil, sobretudo os do grupo Black Rio, foram expressões iniciais de uma nova consciência racial em diálogo com a Contracultura internacional.

Na mesma época, em São Paulo, bailes organizados pela equipe Chic Show, comandada pelo *promoter* Luiz Alberto dos Santos, tornaram-se referência para a juventude negra das periferias paulistas. O mítico James Brown e sua banda chegaram a se apresentar para mais de 20 mil jovens em um desses bailes, em 1978.

Ainda que em tais eventos não houvesse um discurso abertamente político, a afirmação do "orgulho negro" e de uma atitude antirracista mais contundente chamou a atenção das autoridades. Os bailes foram alvos da repressão policial da ditadura militar, cujo maior receio era a emergência de uma revolta antirracista nas periferias, na linha do Movimento por Direitos Civis dos Estados Unidos, articulada a movimentos sociais e sindicais que criticavam as injustiças sociais e econômicas. Essa repressão ajudou a desconectar os grandes bailes dos discursos ativistas mais incisivos. Além disso, a febre da *disco music*, surgida por volta de 1978, ajudaria a despolitizar e elitizar os grandes encontros dançantes da juventude, pois os novos locais, as boates e "clubes", eram mais caros do que os grandes salões populares. Ainda assim, a tradição dos bailes *blacks* dos anos 1970 sobreviveria nos bailes funk das periferias brasileiras que se transformaram em ocupações transgressoras das vias públicas pela juventude dita "periférica" em busca de diversão.

No final dos anos 1980 e começo dos anos 1990, o rap e a cultura hip-hop se afirmaram no Brasil como fenômenos musicais e socioculturais complexos, envolvendo práticas sociais e expressões artísticas. Na cultura hip-hop, a separação entre ativismo social, produção cultural e criação artística é tênue, incentivando muitos jovens com poucos recursos a criar suas obras e produzir seus próprios eventos culturais. O Centro de São Paulo foi um dos espaços de encontro desses jovens, atraindo paulatinamente o olhar da imprensa e da mídia, mas também das autoridades policiais à medida que criticavam a violência policial e a falta de oportunidades para a juventude periférica. Da cena hip-hop e rap paulistana surgiram artistas importantes como Mano Brown e os Racionais MC's, Sabotage, Emicida, Thayde & DJ Hum. O álbum coletânea *Hip-Hop cultura de rua* (1988) é o marco fonográfico inicial do rap no Brasil. O gênero ganhou ainda mais visibilidade, para além dos seus segmentos de origem, a partir do grande impacto do quarto álbum dos Racionais MC's, *Sobrevivendo no inferno* (1997). Anos depois, Emicida, com o espetáculo *AmarElo* (2019), propôs uma releitura da cultura brasileira moderna a partir da pauta dos movimentos contraculturais antirracistas oriundos da cena rap.

As letras do rap revelaram vários poetas jovens, expuseram o racismo e a violência de Estado, e deram vazão a uma vigorosa cultura oral das "quebradas" (bairros periféricos), fazendo renascer uma forma de protesto musical completamente diferente das tradições da MPB e da Contracultura baseada no rock, no "hippismo" e na psicodelia, pois suas referências eram o soul e o funk. O então protagonismo de uma juventude que passara ao largo da moderna canção brasileira também apontou para os limites da cultura de esquerda consagrada pela juventude de classe média engajada nos anos 1960 e 1970 que não dava a devida centralidade à luta antirracista junto a outras pautas sociais e econômicas. Os rappers (cantores de rap) afirmam que a violência do Estado vai além da repressão estritamente política, e tem bases racistas. Como argumentam ainda hoje vários ativistas juvenis negros, no cotidiano das periferias, a Ditadura ainda não acabou dada a violência policial ainda presente mesmo depois da Redemocratização (1985). O mundo do rap, obviamente, não é homogêneo, e há muitas referências e temas distintos entre si que são incorporados nas canções (denúncia da violência policial, antirracismo, elogio à dignidade na luta pela sobrevivência cotidiana, amizade e camaradagem entre jovens pobres, relações amorosas). O próprio rap evoluiu. O surgimento de mulheres compositoras ligadas ao movimento rap exigiu a discussão sobre o machismo. A ampliação da consciência política levou o rap para além de uma crítica ingênua ao "sistema". A crítica à violência policial, por exemplo, passou a dividir espaço com a problematização do culto à violência por parte das gangues formadas por membros da própria juventude periférica.

*

A diversificação das "tribos juvenis" a partir dos anos 1980 permitiu a emergência de uma juventude brasileira fora dos padrões de fotogenia dos anos 1950 e 1960 – branco, universitário, de classe média ou elite. Os jovens das "periferias" do Brasil e do mundo ganharam visibilidade social, incorporando outras formas musicais e sociabilidades distintas, adotando novas linguagens e modas. Para eles, a "opressão do sistema" não é um mero incômodo passageiro com as regras do "mundo adulto", mas uma situação concreta de violência e exploração socioeconômica.

LEITURAS COMPLEMENTARES

ALBUQUERQUE, André Duarte P. de. *Rastafari*: cura para as nações. Uma perspectiva brasileira. São Paulo: Phoenix, 2018.

FÉLIX, João Batista de Jesus. *Hip hop*: Cultura e política no contexto paulistano. Curitiba: Appris, 2018.

OLIVEIRA, Graziela. *Jovens negros no Brasil*: civilização e barbárie. São Paulo: Cortez, 2017.

TEPERMAN, Ricardo. *Se liga no som*: as transformações do rap no Brasil. Rio de Janeiro: Claro Enigma, 2015.

VIANA, Hermano et al. *Jovens na metrópole*: etnografias de circuitos de lazer, encontro e sociabilidade. São Paulo: Terceiro Nome, 2007.

SUGESTÃO DE OBRAS DE FICÇÃO, BIOGRAFIAS E LIVROS DE MEMÓRIAS

RACIONAIS MC's. *Sobrevivendo no inferno*. São Paulo: Companhia das Letras, 2018.
Versão escrita do lendário álbum homônimo dos Racionais MC's.

MARLEY, Rita. *No Woman No Cry*: minha vida com Bob Marley. Caxias do Sul: Belas Letras, 2021.
Biografia entrecruzada de Bob Marley, na perspectiva de sua companheira.

SUGESTÃO DE FILMES DE FICÇÃO E DOCUMENTÁRIOS

Summer of Soul - A revolução não será televisionada. Questlove, EUA, 2021.
Documentário que recupera as imagens gravadas à época, mas nunca dadas a ver, do Festival de música do Harlem, ocorrido na mesma época do de Woodstock, em 1969.

Racionais: das ruas de São Paulo pro mundo. Dir.: Juliana Vicente, Brasil, 2022.
Documentário sobre as origens socioculturais do grupo Racionais MC's e sua trajetória artística.

AmarElo: é tudo pra ontem. Dir.: Fred Ouro Preto, 2020.
Documentário que, além de exibir cenas do show homônimo de Emicida no Theatro Municipal de São Paulo, propõe uma reflexão sobre a história cultural brasileira do século XX a partir da perspectiva do Movimento Negro.

Legados da Contracultura: novas subjetividades, novas pautas e novos direitos

A Contracultura surgiu em um mundo onde os negros eram discriminados, as mulheres eram submissas e os gays eram presos. Depois do "Grande Tumulto" e da "Revolução Sexual" dos anos 1960, boa parte das conquistas dessas minorias sociais foi consolidada em novos direitos, legalmente garantidos, e na implantação de diversas políticas públicas.

Os excessos comportamentais e o radicalismo político dos anos 1960 (sobretudo o recurso à "violência revolucionária" justificada pelas injustiças existentes) seriam revistos e matizados pelos próprios herdeiros e continuadores da Contracultura, mas é plausível afirmar que foi justamente o choque causado pelo ativismo jovem daquela década que abalou as estruturas moralistas e discriminatórias, naturalizadas no dia a dia, que oprimiam vários grupos sociais e minorias. Não por acaso, a maior parte dos movimentos conservadores que reagiram à Contracultura nos Estados Unidos a partir dos anos 1980 (com o advento da "era Reagan" e dos neoconservadores), com reflexos em outros países, focaram suas ações contra essas conquistas, reivindicando a volta dos padrões normativos que regiam a velha sociedade ocidental e travando uma "guerra cultural" contra legados da Contracultura, particularmente nos campos do feminismo e do ativismo gay.

Corpo, linguagem e subjetividades

A obra do filósofo francês Michel Foucault foi particularmente importante para movimentos sociais pós-contraculturais – sobretudo o movimento gay e os que lutavam contra o autoritarismo no sistema escolar e nas instituições de saúde mental – que procuraram manter a perspectiva da contestação e da crítica cultural dos anos 1960, mas de novas formas.

Em livros como *História da loucura*, *Vigiar e punir* e *História da sexualidade*, entre outros, Foucault propôs uma revisão radical da chamada "Revolução Científica" que impactou o mundo ocidental entre os séculos XVII ao XIX. Onde a maior parte dos filósofos e historiadores enxergava um processo linear e cumulativo de conquistas técnicas e de uma racionalidade científica que desvendava o funcionamento da natureza e da sociedade, Foucault viu a emergência de uma "nova epistemologia, fruto de novas relações de poder nas sociedades eurocêntricas". Lembremos que a epistemologia é o campo da Filosofia que se debruça sobre as bases do pensamento e as condições lógicas do conhecimento. Para Foucault, os mundos moderno e contemporâneo foram fruto de uma nova lógica do conhecimento, expressa em uma nova linguagem, a ciência, voltada mais para a normatização social e para a disciplinarização dos corpos do que para a revelação das "leis da natureza". Esse processo teria surgido a partir do estudo do oposto da razão moderna, a loucura, considerada até a Idade Média não como o oposto da razão, mas como uma ponte com o mundo transcendental e místico. Ao prender, isolar e estudar o comportamento dos loucos, a sociedade teria inventado uma nova razão, criando as bases da "Revolução Científica" dos séculos XVII e XVIII.

Foucault, então, desenvolveu uma crítica radical à epistemologia racionalista e cientificista, tentando demonstrar que ela não decorria de uma nova subjetividade mais racional e arguta que as anteriores, e sim de uma nova relação de poder que se aplicava, fundamentalmente, aos "corpos rebeldes" (por exemplo, o louco, o doente, o transgressor das leis). Essa nova relação de poder seria anterior à produção de um novo saber, e não ao contrário. Nessa perspectiva, Foucault desconstruiu discursos supostamente objetivos e inquestionáveis da Psiquiatria, da Medicina e do Direito, mostrando como se deu o nascimento dos hospícios, hospitais, prisões, escolas, fábricas, os quais ele chamou de "instituições totais", voltadas para "a disciplinarização dos corpos rebeldes", que não eram, como se acreditava, frutos de um novo conhecimento objetivo, neutro e desinteressado em curar as pessoas e livrar a sociedade dos seus males.

No seu último grande trabalho, *História da sexualidade*, Foucault sugeriu que a sexualidade é uma questão mais de linguagem do que de natureza biológica dos corpos. Em outras palavras, a forma de olhar e nomear uma realidade natural ou social não é mero reflexo neutro do que se vê, mas uma linguagem que também delimita o que se entende por "real". O pensamento crítico de Foucault ainda influenciaria novos movimentos sociais, que surgiram a partir dos anos 1970, relacionados à identidade de gênero.

Foucault também lançou as bases para o conceito de "biopolítica". Biopolítica é a forma como uma estrutura de poder (um determinado governo ou determinadas instituições) atua sobre uma população em termos de saúde, higiene, preservação da vida. O conceito de biopolítica inspiraria outro conceito potente, particularmente incorporado pelo movimento negro, o de "necropolítica" ("política da morte"), cunhado por Achille Mbembe, muito utilizado para analisar as políticas genocidas de governos contra minorias raciais, sobretudo.

Os estudos de Foucault – ao lado dos trabalhos de outros teóricos ligados aos Estudos Culturais, Pós-coloniais, de Gênero e Decoloniais – têm alimentado a crítica à racionalidade Ocidental ("burguesa, branca e patriarcal") como forma única de conhecimento da natureza e de organização da sociedade. Polêmicas e debates à parte, esses estudos contribuíram para uma outra perspectiva crítica para entender as sociedades.

No lugar das utopias globais dos anos 1960, os movimentos pós-contraculturais se pautam pela afirmação de "heterotopias", que são formas críticas que problematizam a própria linguagem dominante usada para definir e explicar a realidade social. Não por acaso, suas teorias são duramente atacadas por grupos conservadores. Obviamente, elas também recebem críticas mesmo entre a esquerda, e há muitos movimentos sociais que não as aceitam, sugerindo que elas sobrepõem questões identitárias a demandas socioeconômicas mais substantivas, fragmentando a luta social.

Apesar de todas as revisões e críticas às contradições dos movimentos contraculturais, há certo consenso na historiografia que seus grandes legados foram a expansão dos direitos das mulheres, a institucionalização da luta antirracista e o reconhecimento de novas subjetividades alternativas à heteronormatividade hegemônica nas sociedades ocidentais. O corpo e as subjetividades passaram a ser vistos também como questões políticas.

A questão ecológica foi outro campo onde a Contracultura atuou, mudando a forma de ver a relação entre sociedade humana e natureza. Além de levar a novas atitudes individuais, tais como adoção da "alimentação natural" e a busca de uma nova relação com o corpo (mais consciente, evitando recorrer a alimentos processados ou drogas farmacológicas para atingir o "bem-estar"), as pautas ecológicas estariam na base potentes movimentos sociais pela paz, pelo desenvolvimento sustentável e pela defesa do meio ambiente que se expandiram pelo mundo a partir dos anos 1980.

*

Todas as conquistas no plano das consciências e do reconhecimento público de novos direitos individuais e coletivos ainda não foram suficientes para consolidar uma mudança radical na maior parte das sociedades que formam a comunidade internacional de países e seus governos. Em boa parte do mundo, direitos das mulheres, das minorias raciais, da população LGBTQIA+ ainda não são reconhecidos, ou pior, ainda são alvo de violências e preconceitos. Mesmo nas sociedades da Europa, Estados Unidos e América Latina, impactadas pela Contracultura, ainda há muita violência social contra estes grupos; a natureza ainda é degradada sistematicamente por grandes empresas e governos apesar de a retórica da "defesa do meio ambiente" estar na boca de vários líderes políticos.

Mas é inegável que essas questões não estão mais restritas a discursos exóticos de pequenos grupos de ativistas. Desde o fim do século XX, temas como direitos de minorias, direitos das mulheres e de gênero, defesa do meio ambiente são mundializados, orientando o discurso e a ação de movimentos sociais, empresas, governos e órgãos diplomáticos internacionais. A onda contracultural, sem dúvida, contribuiu para isso.

PELA IGUALDADE CIVIL E PELO DIREITO AO CORPO: FEMINISMOS A PARTIR DOS ANOS 1960

O movimento feminista não começou com Contracultura. Ele remonta a meados do século XIX, quando algumas mulheres, da elite e da classe trabalhadora, começaram a se organizar e criticar a desigualdade civil e a falta de direitos políticos. No começo do século XX, o feminismo ganhou um grande impulso com o incremento das lutas das chamadas "sufragistas", ativistas que defendiam o direito de voto para as mulheres. A partir dessa luta pelos direitos políticos, emergiriam os combates contra a desigualdade civil, a submissão legal a pais e maridos, a repressão sexual e outros temas que foram ampliados especialmente a partir dos anos 1960.

Apesar do reconhecimento do seu direito ao voto na maioria das sociedades ocidentais a partir dos anos 1930, as mulheres ainda ocupavam uma posição submissa. Além disso, em vários países, após a Segunda Guerra Mundial, houve um processo social de "volta ao lar" que retirou as mulheres do mercado de trabalho, sobretudo das fábricas, onde muitas encontravam emprego desde meados do século XIX. Esse processo foi defendido e estimulado pelas autoridades, por médicos e por movimentos religiosos, sobretudo ligados à Igreja Católica que defendia que o papel social da mulher era ser exclusivamente mãe e "dona de casa". Mesmo nos Estados Unidos, onde o catolicismo não era dominante, o ideal familiar do *American Way of Life* era a família nuclear patriarcal formada pelo pai, mãe e filhos, nas quais o homem trabalhava fora e a mulher cuidava da educação das crianças e da ordem doméstica. Quando muito, lhe era permitida uma sociabilidade ao lado de outras donas de casa, em clubes de leitura e atividades de filantropia. A fidelidade conjugal, o controle dos desejos sexuais e o comportamento discreto e recatado eram os padrões impostos às mulheres neste tipo de família de modo a manter a "ordem social". Aos homens, era mais tolerado – quando não incentivado pelos padrões de comportamento dominantes – ter amantes fora do casamento, não reprimir seus impulsos sexuais e vivenciar uma sociabilidade pública expansiva e agressiva nos bares, estádios e ruas. O ideal do homem "guerreiro, protetor e provedor" e da mulher "indefesa, protegida e dependente" estava presente e legitimado em boa parte do mundo até meados dos anos 1960. A mulher que ousasse desafiar esse padrão corria o risco da "morte civil", de ser excluída da comunidade, de ser qualificada como "vadia" ou "prostituta".

No começo dos anos 1960, com a chamada Segunda Onda do Feminismo, essa visão começou a ser duramente criticada, abalando os padrões patriarcais da família tradicional. A igualdade civil, o direito ao corpo e a igualdade econômica foram os principais pilares dos novos movimentos feministas. Mas o caminho das conquistas seria longo.

Obra de Simone de Beauvoir publicada em 1949, o *Segundo sexo* foi uma das primeiras inspirações, levando à ampliação da pauta do movimento feminista. O livro *Sex and the single girls* (1962), de Helen Brown, outro referencial do novo feminismo, incentivava a independência da mulher em todos os aspectos da vida social e familiar.

A comercialização da "pílula anticoncepcional" (nos Estados Unidos, em 1960, no Brasil, em 1962) permitiu que a discussão sobre as práticas sexuais das mulheres fosse desvinculada da gravidez, com especial impacto sobre as jovens solteiras que viviam sempre ameaçadas por uma gravidez indesejada com amplas implicações morais, econômicas e sociais. O direito à interrupção segura da gravidez indesejada (aborto), também passou a fazer parte da pauta feminista, apesar da enorme resistência dos setores conservadores e religiosos das sociedades ocidentais. Na Inglaterra, a primeira Lei de Aborto é de 1967; nos Estados Unidos, ele passou a ser permitido a partir de 1973, conforme a legislação de cada estado. Mas em muitos países, ele ainda é proibido ou restrito, mesmo em casos de estupro.

Nos Estados Unidos, o Movimento pelos Direitos Civis inspirou o Movimento Feminista dos anos 1960, sobretudo seus setores mais radicais que denunciavam a violência e o sexismo em vários aspectos da vida privada e da vida profissional das mulheres. Vale lembrar que a famosa Lei dos Direitos Civis de 1964, além de proibir a discriminação racial, também proibia a discriminação de gênero. Nessa época, as principais lideranças do feminismo estadunidense eram Betty Friedan, Mary King e Casey Hayden. Além delas, Angela Davis articulou as pautas do feminismo com a questão do racismo. Uma das palavras de ordem mais famosas do movimento, cunhada em 1970 pela ensaísta Carol Hanisch, era "O pessoal é político", frase que sintetizava o fim da separação entre questões privadas, familiares e públicas, algo necessário para levar à emancipação das mulheres.

As jovens mulheres que aderiram ao movimento *hippie* nos anos 1960, chamadas por alguns historiadores de "mulheres da Contracultura", também deram um grande impulso à causa feminista ao romper com padrões familiares patriarcais até então dominantes, que impunham normas para o casamento, a vida sexual feminina, a vida doméstica, a criação dos filhos, a divisão do trabalho social. Testando os limites da liberdade sexual, as *hippies* colocaram novas agendas feministas para a sociedade como um todo, para além dos círculos de militância feminista estrita.

Em geral, o novo comportamento da juventude marcada pela "Revolução Sexual" consolidou a questão do corpo, dos direitos reprodutivos e do prazer para uma nova geração de mulheres, fossem elas simpatizantes do movimento *hippie*, militantes feministas ou cidadãs comuns.

Contudo, as novas posturas, sobretudo em relação à busca do prazer sem tabus de ordem moral e o culto ao "amor livre" muitas vezes expuseram as jovens à violência sexual, não apenas por parte de machistas e conservadores que as viam como "mulheres fáceis", mas também dentro das próprias comunidades supostamente liberadas, como "objeto" dos jovens do sexo masculino que, apesar do visual moderno, muitas vezes mantinham sua mentalidade antiga.

De todo modo, mudanças de padrões comportamentais veiculadas pela Contracultura, aliadas às lutas dos movimentos e organizações feministas conseguiram consolidar vários direitos das mulheres ao longo dos anos 1970 na legislação americana e europeia, tais como o direito à igualdade salarial, proibição de demissão por causa de gravidez, condenações por violência doméstica praticada pelos maridos. A legislação sobre o aborto voluntário, descriminalizando a sua prática e garantido a realização de procedimentos seguros, avançou muito nos países ocidentais entre os anos 1960 e 1970. Até na Itália, apesar da forte influência contrária da Igreja Católica, as feministas conseguiram legalizar o aborto no fim dos anos 1970.

Modas e padrões de beleza e considerados restritivos, opressores, também foram contestados pelos movimentos feministas. Uma das ações simbólicas de maior impacto eram os protestos das feministas durante os famosos concursos de beleza, febre dos anos 1950 e 1960, que escolhiam a "miss mundo". Não raro, os desfiles eram interrompidos por discursos ou performances feministas feitas com bombas falsas de talco ou pistolas d'água, para denunciar os padrões machistas e restritivos de "beleza feminina" celebrados nesses eventos.

DO ARMÁRIO À PRAÇA PÚBLICA: A LUTA PELOS DIREITOS LGBTQIA+

A Contracultura dos anos 1960 e 1970 foi igualmente fundamental na conquista do direito à orientação sexual não normativa, incluindo os direitos dos homossexuais.

Até a década de 1960, o homossexualismo era considerado uma prática imoral e criminosa, passível de punição legal e imposição de tratamentos médicos supostamente para "curar" a pessoa, mesmo no mundo ocidental liberal-democrático. Além da prisão, os homossexuais poderiam sofrer a chamada "castração química" ou ser obrigados a fazer tratamentos a base de hormônios para inibir seus desejos sexuais. Caso não ocultassem sua orientação sexual no espaço público, poderiam ser discriminados no mundo do trabalho e da política. Essa repressão obrigava os homossexuais homens e mulheres a esconder sua vida íntima e privada da sociedade. Em muitos casos, tinham que se afastar das famílias e cidades de origem para não sofrer perseguições e violências, manifestando sua sexualidade apenas em clubes fechados e outras sociabilidades restritas e semiclandestinas.

Justamente em uma época na qual a homossexualidade ainda era considerada doença, perversão ou desvio moral é que explodiu a Contracultura e seu corolário, a "Revolução Sexual". A politização do corpo, a luta contra a repressão sexual e a utopia do "amor livre" que acompanharam os movimentos jovens da Contracultura acabaram por estimular uma nova fase na luta pela afirmação dos direitos civis dos homossexuais, bem como pelo direito de se manifestar publicamente sem sofrer discriminação. Muitos ativistas gays que se tornaram referência para a história do movimento passaram pela Contracultura, como Harvey Milk, um dos primeiros ativistas a ser eleito para um cargo público municipal em São Francisco a partir da plataforma dos direitos dos homossexuais.

São Francisco, a "cidade dos *hippies*", também concentrou muitos moradores gays, boa parte migrados de cidades mais moralistas e intolerantes, e foi um dos epicentros do ativismo gay na década de 1960. Apesar disso, até o começo da década de 1970, as leis locais criminalizavam as práticas homossexuais.

Em Nova York, a discriminação dos homossexuais e a repressão policial contra os gays levariam a um levante que se tornaria icônico da sua luta por respeito e direitos. O bar Stonewall Inn, situado no Greenwich Village, o bairro mais alternativo da cidade, era frequentado por um público gay de homens e mulheres, e sofria constantes batidas policiais supostamente em nome da "moral e dos bons costumes". Frequentemente, os agentes policiais humilhavam os frequentadores, expressando a homofobia que predominava na sociedade. Em uma dessas batidas, em 28 de junho de 1969, os frequentadores obrigados a esvaziar o bar se concentraram na calçada e cercaram os policiais, iniciando um protesto que durou três noites, com tumultos generalizados nas ruas do entorno. No ano seguinte, para comemorar a primeira afirmação pública e massiva da luta pelos direitos, foi organizada a Marcha do Orgulho Gay (depois nomeada como "Parada LGBT"), evento que, a partir dos anos 1990, seria internacionalizado e tomaria grandes proporções.

Desde meados dos anos 1960, havia organizações civis que lutavam pelos direitos dos homossexuais na Califórnia. Mas foi ao longo dos anos 1970 que surgiram entidades, movimentos organizados e uma imprensa especializada para defender os direitos dos homossexuais nos Estados Unidos e em vários países ocidentais. Os focos das reivindicações passaram a ser o combate ao preconceito e à discriminação, o fim da criminalização das práticas homossexuais entre adultos e o reconhecimento civil da união homoafetiva dentro dos marcos legais que regem as sociedades.

London School of Economics Library, c. 1972

A luta do movimento gay pela liberdade de orientação sexual fora dos padrões normativos mobilizou jovens do mundo todo, sobretudo a partir dos anos 1970. Na foto, manifestação em prol dessa causa em Trafalgar Square, Londres, em 1972.

O ativismo homossexual cresceu mesmo em países da América Latina de tradição conservadora e moralista. No Brasil, vários grupos militantes foram criados entre os anos 1960 e 1970, como o Somos: Grupo de Afirmação Homossexual, o Grupo Gay da Bahia, entre outros. O jornal *Lampião da Esquina*, um dos muitos títulos da imprensa alternativa surgida durante a ditadura militar, se tornou uma das referências ao politizar a questão homossexual e criar um debate público que acabaria por levar, mais tarde, à conquista de direitos importantes no plano legal e civil.

A partir dos anos 2000, a expansão de novas pautas e identidades que não haviam sido abarcadas nos primórdios do movimento gay, levou a uma maior diversificação na luta pela afirmação de identidades e orientações sexuais. Atualmente, entre os militantes, há uma grande variedade de pessoas com identidades não normativas, incluindo transexuais, travestis, pessoas não binárias, bissexuais. Naturalmente, as pautas também se tornaram mais abrangentes.

Um dos debates atuais dentro do ativismo LGBTQIA+ refere-se à incorporação das pautas do movimento por corporações capitalistas, que oferecem produtos e serviços voltados especificamente para o público homossexual. Há quem veja isso com bons olhos, considerando positivo (inclusivo, respeitoso, seguro, confortável) que existam hotéis, empresas, passeios turísticos, eventos, shows que se afirmem *gay friendly* (sem discriminação, favoráveis aos gays). Militantes radicais, por outro lado, criticam essa tendência – que nomeiam pejorativamente de "capitalismo arco-íris" –, esgrimindo a palavra de ordem "Orgulho é protesto" e reafirmando o ativismo LGBTQIA+ como algo que deve ser totalmente crítico ao sistema político e econômico, seguindo a tradição contracultural.

Apesar das diversas conquistas nos planos cultural e legal, a comunidade LGBTQIA+ ainda sofre preconceitos e violências, mesmo nas sociedades ocidentais impactadas pela Revolução Sexual e a Contracultura e pela expansão dos direitos individuais. Os preconceitos são particularmente fortes em sociedades latino-americanas, tradicionalmente moralistas e patriarcais. No Brasil, cuja sociedade oscila, historicamente, entre a permissividade sexual privada e o (falso) moralismo público, somente em 2021 mais de 300 pessoas LGBTQIA+ morreram de forma violenta. O preconceito contra a população LGBTQIA+ tende a ser maior em cidades do interior e em famílias de classe média baixa. Nas classes médias escolarizadas e de alto poder de consumo, o preconceito específico contra homossexuais tende a ser menor, e em determinados nichos socioculturais alternativos, filhos da Contracultura, o homossexualismo tende a ser assimilado sem preconceitos. Sintomaticamente, em países nos quais a tradição liberal-democrática e a Contracultura não tiveram tanto impacto na vida civil, como no Leste Europeu, na Ásia e na África, os homossexuais ainda são perseguidos oficialmente e criminalizados pelas leis vigentes.

É fato, contudo, que a Contracultura e os novos valores comportamentais dela surgidos impactaram inclusive as famílias heteronormativas e as identidades masculinas heterossexuais desde os anos 1970, matizando os rigores e o autoritarismo da família patriarcal tradicional. Os padrões de masculinidade ficaram mais diversos e menos "tóxicos" (ou seja, baseados em comportamentos violentos, vulgares e opressivos), mas ainda há muitos preconceitos a combater.

MOVIMENTO ECOLOGISTA: DA LUTA CONTRA AS ARMAS NUCLEARES À LUTA CONTRA O AQUECIMENTO GLOBAL

A Contracultura também impulsionou nas sociedades o debate sobre a necessidade de defesa e conservação do meio ambiente e a busca de uma nova ordem ecológica no planeta.

Os questionamentos começaram com a luta pelo desarmamento nuclear, que lançou as bases de um pacifismo conectado a causas ambientais estratégicas. Um marco inicial desse movimento foi a marcha da Campanha pelo Desarmamento Nuclear ocorrida na Inglaterra em 1958, sob o lema "*Ban the Bomb*" ("Proíba a bomba"). A questão nuclear e a ameaça de extinção global também mobilizaram os estudantes americanos do SDS. Ainda no começo dos anos 1960, o livro *Silent spring* (Primavera silenciosa), de Rachel Carson, foi um dos primeiros a alertar para as ameaças contra várias formas de vida na Terra causadas pela poluição, o uso abusivo de pesticidas e o despejo de dejetos químicos no ambiente.

Mas foi entre o fim dos anos 1960 e início dos anos 1970 que o tema ambiental se consolidou e se expandiu. O meio acadêmico – então impactado pelo novo movimento estudantil e pela Contracultura, em especial os *hippies* e sua nova ética comunitária – assumiu como pauta de pesquisa científica a defesa do meio ambiente. Em 1967, engenheiros de Berkeley criaram a organização Ecology Action, lançando como princípios básicos de sua luta ecológica: 1) Suprimir o consumo desmedido; 2) Aprimorar as práticas industriais potencialmente perigosas para o ambiente como o processamento de alimentos, a indústria da construção civil, a produção e distribuição de energia; 3) Eliminar as práticas ambientais destruidoras como a cobertura do solo por materiais artificias relacionados à expansão urbana, o despejo do lixo humano sem controle; 4) Lutar contra as guerras, que também passaram a ser vistas como desastres ambientais.

O movimento *hippie*, por sua vez, popularizou temas caros à luta ecológica, como a convivência pacífica, a busca de "equilíbrio entre o homem e a natureza", a crítica ao consumismo e ao modelo de desenvolvimento industrial sem limites. Além disso, o fenômeno de "volta ao campo" que muitas comunidades *hippies* praticaram desde o fim dos anos 1960 também levou ao surgimento de práticas ecológicas em fazendas comunitárias alternativas. Elas foram verdadeiros laboratórios de um novo estilo de vida e de relação com a natureza, inspirando a criação de milhares de "comunidades alternativas" no mundo todo, em geral, instaladas em zonas rurais ou em "refúgios naturais" de difícil acesso, como praias ou vales montanhosos afastados dos grandes centros.

Ainda hoje, em muitas comunidades desse tipo formadas, sobretudo, por jovens de classe média e alta, sobrevivem elementos do ideário *hippie*, como o comunitarismo, a agricultura praticada por pequenos produtores rurais, a agricultura orgânica, a confecção de artesanato, a busca de uma espiritualidade alternativa às grandes religiões institucionalizadas do Ocidente que em muitos casos se traduz em práticas religiosas "xamânicas" (inspiradas nos povos originários das Américas) e de "culto à natureza". Ainda que não mais se pautem pelo combate à sociedade dominante, buscando, na verdade, espaços alternativos de convívio com ela, essas comunidades disseminam na mídia e na sociedade em geral uma nova consciência ecológica. Embora sejam experiências muito difíceis de serem implementadas em larga escala, tanto no nível da moradia quanto da produção econômica, as comunidades alternativas herdeiras da Contracultura têm ajudado a pautar temas ambientais mais amplos, como a crítica à urbanização sem planejamento, à degradação ambiental e o consumismo desenfreado, mantendo o ideário crítico da Contracultura dos anos 1960. No Brasil, desde o fim dos anos 1970, é organizado um Encontro de Comunidades Alternativas, que possuem, inclusive, sua própria organização civil. Aqui e em outros países, este novo jeito de morar e se relacionar com a natureza tem inspirado as chamadas "ecovilas", comunidades que tentam conciliar moradia, produção agroecológica, sustentabilidade ambiental e igualitarismo social.

Seja através dos movimentos alternativos ou de ações mais organizadas e massivas, com impacto na pauta política e diplomática, a questão ambiental se expandiu como um subproduto da Contracultura. Surgiram as primeiras Organizações Não Governamentais (ONGs), como a WWF (World Wide Fund) e o Greenpeace, voltadas para a defesa ambiental, articulando o espírito do protesto da década de 1960 com pressão sobre parlamentares e estudos científicos para fundamentar novas leis ambientais.

Em 1968, políticos e ativistas de vários países se juntaram ao meio acadêmico para criar o Clube de Roma, entidade que realizou os primeiros grandes estudos sobre a degradação ambiental, preparando a famosa conferência sobre o Desenvolvimento e o Meio Ambiente da ONU, realizada em Estocolmo em 1972. Vinte anos depois, ocorreu a Segunda Conferência, no Rio de Janeiro, mundialmente conhecida como Eco-92. Naquele contexto, questões até então vistas como ligadas a um estilo de vida alternativo, e um tanto exótico para a maioria, começavam a se tornar centrais na própria diplomacia internacional. Nos anos 1980, a divulgação do risco do "aquecimento global", por causa das emissões de gás carbônico produzidas pelo modelo econômico dominante no capitalismo industrial, apontou para um dilema concreto: ou se modifica o modelo econômico ou a humanidade corre o risco de extinção em algumas décadas. A Eco-92 foi um grande evento que reuniu não apenas governos, mas Organizações Não Governamentais e movimentos sociais, muitos deles tributários da época da Contracultura, consagrando um novo estilo de ativismo político: o chamado "altermundismo".

FILHOS DA CONTRACULTURA: ALTERMUNDISMO E "ESPÍRITO DE SEATTLE"

O termo "altermundismo" pode ser compreendido como a luta por um mundo socialmente mais justo, economicamente mais equilibrado e ecologicamente mais sustentável.

Com a diminuição dos adeptos das chamadas "utopias socialistas", depois da desintegração da União Soviética, os movimentos altermundistas deram um novo fôlego ao ativismo político e cultural da juventude de esquerda a partir dos anos 1990. Os diversos ativismos sociais que constituíram essa rede de ação não apenas criticavam o capitalismo *stricto sensu* e suas desigualdades, mas também o próprio conceito de desenvolvimento industrial e exploração da natureza, por sinal compartilhado também pelos regimes socialistas. Esses movimentos, organizados em pequenos núcleos, coletivos e entidades civis recuperaram o espírito libertário da Contracultura, afastando-se do modelo hierarquizado e centralizado das organizações de esquerda que haviam marcado o movimento socialista e estudantil dos anos 1960 e 1970.

O alvo das críticas e ações destes movimentos era a chamada "globalização" orientada pelo modelo liberal estadunidense e pelas grandes corporações capitalistas que se consolidaram nas sociedades pós-industriais. Com o desenvolvimento da informática, serviços e comunicações (que desembocaria na expansão da internet), essas corporações se tornaram tão ou mais poderosas do que os governos. O capitalismo dos países centrais não dependia mais da indústria e da exportação de bens industrializados, mas do controle da informação, das patentes e da alta tecnologia por trás de *softwares* e *hardwares*, além, obviamente, controlarem o capital financeiro por meio dos seus bancos e do mercado de ações. Na ótica liberal, esse capital deveria circular livremente pelo mundo, sem restrições dos governos. Esse era o sentido da globalização capitalista e, conforme seus críticos, não resolvia o problema da desigualdade entre os países, além de reforçar a divisão internacional do trabalho. Eles argumentavam que a maioria dos países se resumia a plataformas de montagem de produtos de baixa e média tecnologias, ou a exportadores de *commodities* e produtos primários (produtos agrícolas, minérios).

No centro do debate sobre a globalização, surgiu também a questão ecológica. Apesar de a pauta de defesa do meio ambiente ter avançado na Europa e nos Estados Unidos, a maior parte do mundo experimentava os efeitos de uma degradação ambiental constante, agravada pelas demandas do comércio internacional desigual.

As reuniões dos grandes líderes políticos e empresários, organizadas pelas entidades econômicas mundiais, como o Fundo Monetário Internacional, eram ocasiões propícias para ativistas de movimentos sociais protestarem contra a globalização capitalista sob a hegemonia liberal. Durante uma reunião do FMI em Seattle (nos EUA), no final de 1999, os protestos foram marcados por cenas de violência policial e dos próprios manifestantes. O grande impacto midiático dessa manifestação consagrou o termo "espírito de Seattle" para designar a frente informal de movimentos antiglobalização que se organizaria na forma de uma rede mundial. Na mesma época, surgiu também o termo "altermundismo", com significado crítico à globalização capitalista liberal.

A atuação dessa frente fez surgir, em 2001, o Fórum Social Mundial (FSM), evento alternativo ao encontro dos políticos e capitalistas, tradicionalmente realizado no começo de todo ano, o Fórum Econômico Mundial. O primeiro Fórum Social foi organizado em Porto Alegre (Brasil), tornando-se paradigmático dos encontros que se seguiram até 2018 em várias cidades da América Latina, Ásia e África (à exceção do FSM de 2016, que ocorreu em Montreal, Canadá). Esses eventos reuniam delegados de movimentos sociais, militantes ambientalistas, partidos e entidades civis, além de ouvintes e observadores da imprensa. Milhares de pessoas circulavam pelos FSM, e quase todos os países do mundo enviavam delegados ou participavam de reuniões preparatórias, oficinas culturais diversas, palestras, seminários e reuniões de trabalho, exibição de filmes e shows musicais. Mais do que a "antiglobalização" pura e simples, o que se discutia era uma "outra globalização", marcada pelo protagonismo das sociedades civis, pela integração Sul-Sul, e pelo equilíbrio geopolítico entre países desenvolvidos e subdesenvolvidos.

Não é difícil perceber que elementos da Contracultura estavam presentes nos movimentos sociais, nos militantes, nas pautas, nos documentos e nas formas de sociabilidade que caracterizaram os movimentos antiglobalização em geral e os Fóruns Sociais em particular. Apesar de reunirem grupos de várias tendências ideológicas – tais como nacionalistas do Terceiro Mundo, católicos progressistas, socialistas e anarquistas – o discurso libertário e antiautoritários, a rejeição ao "neoliberalismo" e a defesa da justiça social eram os pontos em comum. Diversos movimentos protagonizados por jovens se fizeram presentes, desde o movimento estudantil mais tradicional a grupos alternativos, de marxistas a xamânicos, de católicos a ateus, de ativistas do movimento ecológico a líderes indígenas, de sindicalistas a líderes religiosos. As formas de ação propostas baseavam-se na formação de redes informais e descentralizadas.

Mas, que fique claro, nem todos os críticos da globalização liberal e capitalista que surgiram no início do século XXI eram herdeiros da Contracultura libertária ou tributários do pensamento progressista e democrático. A extrema direita, ao seu modo, também se dizia contra a globalização, em nome do nacionalismo xenófobo, do protecionismo econômico, do combate à imigração de povos não brancos, da defesa das tradições locais, étnicas e nacionais ameaçadas pelo que chamou de "globalização cultural".

A grande crise econômica de 2008, causada pela especulação com papéis do mercado imobiliário vendidos sem controle na bolsa de valores norte-americana, quebrou grandes bancos, causou desemprego em massa e consumiu economias de vários trabalhadores que haviam investido no mercado financeiro como forma de melhorar suas aposentadorias. O neoliberalismo e os discursos sobre a globalização perderam ímpeto, mas ironicamente, seus críticos de esquerda também. Paralelamente, uma "Nova Direita" chegou à cena política em vários países (como exemplo, a eleição de Donald Trump à presidência da maior potência do mundo, os Estados Unidos, em 2017). A bem da verdade, o fenômeno da Nova Direita é bem complexo. Seus diversos grupos vão de fundamentalistas religiosos até jovens que se dizem "capitalistas libertários", reivindicando valores oriundos da pauta contracultural como a liberação das drogas e a liberdade de costumes. Mas no fundo, revelam um profundo elitismo individualista e anticomunitário. De uma forma ou de outra, os novos grupos de direita colocaram o legado da Contracultura na berlinda, seja como inimigo da família tradicional a ser derrotado seja como algo incorporado meramente no comportamento individualista.

LEITURAS COMPLEMENTARES

DELAP, Lucy. *Feminismos*: uma história global. São Paulo: Companhia das Letras, 2022.

DIAS Eurípedes da Cunha. *Movimentos sociais no início do século XXI*: antigos e novos atores sociais. Petrópolis: Vozes, 2015.

GOHN, Maria da Gloria. *Movimentos sociais e redes de mobilização civil no Brasil contemporâneo*. Petrópolis: Vozes, 2013.

QUINALHA, Renan. *Movimento LGBTI+*: uma breve história do século XIX aos nossos dias. São Paulo: Autêntica, 2022.

KRENAK, Ailton. *Ideias para adiar o fim do mundo*. São Paulo: Companhia das Letras, 2020.

LÖWY, Michael. *O que é o ecossocialismo?* São Paulo: Cortez, 2014.

STEFANONI, Pablo. *A rebeldia tornou-se de direita?* Campinas: Editora da Unicamp, 2022.

SUGESTÃO DE OBRAS DE FICÇÃO, BIOGRAFIAS E LIVROS DE MEMÓRIAS

DAVIS, A. *Uma autobiografia*. São Paulo: Boitempo, 2019.

GREEN, James. *Revolucionário e gay:* a extraordinária vida de Herbert Daniel na luta pela democracia, liberdade e inclusão. Rio de Janeiro: Civilização Brasileira, 2018.

SUGESTÃO DE FILMES DE FICÇÃO E DOCUMENTÁRIOS

Milk – A voz da igualdade (*Milk*). Dir.: Gus Van Sant, EUA, 2008.

Cinebiografia melodramática do ativista Harvey Milk, um dos primeiros a defender os direitos dos homossexuais.

As horas (*The Hours*). Dir.: Stephen Daldry, EUA/Inglaterra, 2002.

Drama representado em três épocas distintas sobre as opressões do corpo e da mente de mulheres, famosas ou comuns. Destaque para as sequências que se passam nos anos 1950, em torno de uma dona de casa insatisfeita com sua vida cotidiana.

1968 – O despertar (Parte 4 – Lutas globais). Dir.: Don Kent, França, 2018.

Documentário sobre a contestação juvenil dos anos 1960. Neste episódio, o foco é o processo e o legado da Contracultura posterior aos 1960.

Considerações finais

Este livro apresentou uma síntese plural, múltipla e global da Contracultura e dos movimentos de contestação da juventude. *Plural*, porque a Contracultura tem uma história atravessada por conquistas e derrotas, utopias e desilusões, espírito crítico e modismos superficiais. *Múltipla*, porque envolve sujeitos periféricos e juventudes diversas, para além dos *hippies* e estudantes brancos e de classe média. *Global*, pois a história da Contracultura vai além de Berkeley, São Francisco ou Paris 68, envolvendo países e cidades do Terceiro Mundo que têm trajetórias e contextos próprios de culturas jovens e alternativas.

Longe de terem sido "ilusões passageiras" de uma juventude inconsequente, muitas utopias contraculturais acabaram se transformando em agendas políticas, valores culturais disseminados e direitos adquiridos que, se não mudaram "o sistema", conquistaram espaços para a liberdade individual e coletiva em várias sociedades do mundo.

Este livro seguiu um caminho historiográfico já trilhado por outros historiadores, pensando *a* Contracultura na história, e não a história *a partir* da Contracultura. Nesse sentido, pautou-se pela necessidade de fazer um balanço distanciado da Contracultura, dessacralizando-a e examinando-a historicamente, para além do elogio fácil da rebeldia jovem, mostrando que está vivo o seu espírito crítico. Nesse sentido, não se trata de defender acriticamente o radicalismo e os excessos dos anos 1960 como positivos em si mesmos, impostos como modelos absolutos de "juventude" consagrados pela mídia dominante e pela cultura de consumo.

Em tempos recentes, a hegemonia das redes sociais na sociabilidade ampliou as possibilidades de construção de redes afetivas e ações sociais da juventude, mas também potencializou comportamentos narcisistas, sectários e superficiais. Em outras palavras, é preciso reconhecer que ter um comportamento ou orientação sexual não normativos, usar drogas ou ter um visual fora dos padrões conservadores não necessariamente transformam a pessoa em democrática, libertária e tolerante. Não por acaso, vários neo-*hippies* e roqueiros têm sido atraídos pelos novos movimentos de extrema direita no Brasil e nos Estados Unidos. Basta olharmos as fotos dos *freaks* e indivíduos com visual alternativo que invadiram o Capitólio dos Estados Unidos no dia 6 de janeiro de 2021 em apoio ao extremismo de direita representado por Donald Trump.

Se símbolos e padrões comportamentais da Contracultura viraram moda e itens de consumo, muitas de suas mensagens de liberdade ainda são vistas como deletérias por grupos e lideranças de direita conservadora e de extrema direita. Diga-se, os conservadorismos e suas "guerras culturais" que combatem o legado contracultural não colocam em risco a liberdade pública por defenderem modelos de comportamento padronizados e organizações familiares mais tradicionais – o que é um direito das pessoas que se se identificam com eles –, mas porque ameaçam os direitos dos outros e inspiram violências contra quem pensa e se comporta de maneira não normativa e tradicional. Esse é o "x" do problema.

Para um balanço crítico que estimule o leitor a ir além deste livro, algumas perguntas são fundamentais: é possível ainda falar em Contracultura no século XXI, entendida como oposição global ao sistema dominante, em um mundo de comportamentos permissivos que já não se traduzem em contestação política? É possível falar em "juventude", no singular, quando vivemos um tempo de "tribalização juvenil", com cada grupo consumindo sua própria moda e estética sem se conectar, em termos culturais, com o resto da sociedade? É possível ainda destacar a potencial força rebelde da juventude quando as indústrias cultural, farmacêutica e da moda, dominadas por grandes interesses econômicos, transformaram a utopia da "juventude eterna" em produto de consumo para todas as faixas etárias? É possível relacionar a Contracultura ao progresso social e avanço dos direitos quando muito do seu legado e da sua estética foram incorporados por movimentos de extrema direita "alternativa"?

Alguns analistas afirmam que a Contracultura morreu há muito tempo ou se fragmentou em centenas de subculturas superficiais e irrelevantes como crítica global ao sistema. Frequentemente, na mídia, se diz que toda a utopia contracultural dos anos 1960 não teria sido nada além de um mero "sonho" juvenil e, tal como anunciou John Lennon, já acabou. Hans Magnus Enzensberger, grande intelectual e ativista dos anos 1960, por sua vez, em suas memórias registradas no livro *Tumulto*, faz um balanço ponderado que merece atenção: "Um dia tudo havia acabado. [...]. Mas o tumulto não havia sido em vão. O que importa é o que ele trouxe no final. Não só para mim, mas para a grande maioria, mesmo para aqueles que não tiveram nada a ver com ele".

Em um mundo onde o autoritarismo político, o falso moralismo, a intolerância religiosa, a xenofobia nacionalista e o racismo estão voltando a tomar conta da política e das sociedades em escala mundial, o estudo crítico do momento em que jovens "rebeldes", "extravagantes" e "exagerados" sonharam com a paz e lutaram contra preconceitos e intolerâncias pode ter muito a nos dizer.

LEIA TAMBÉM

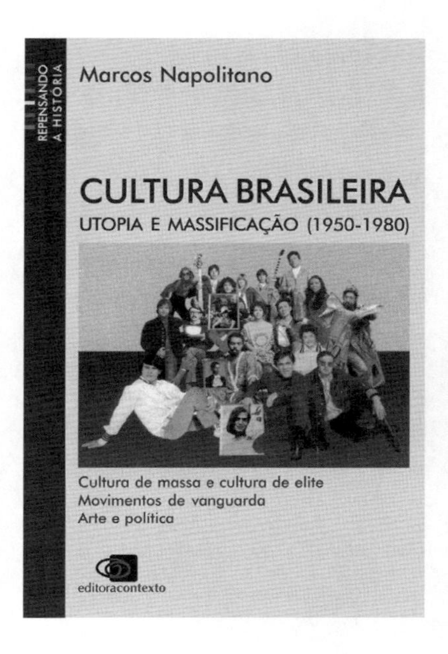

CULTURA BRASILEIRA

Utopia e massificação
(1950-1980)

Marcos Napolitano

Mostra a historicidade da produção cultural, mas não a submissão desta à história. Traça um retrato amplo e detalhado da cultura brasileira, mapeando os vários caminhos pelos quais transitou a vida cultural em nosso país entre 1950 e 1980. Aborda, entre outros assuntos, o processo de socialização e massificação da cultura; a arte como meio de representação das aspirações da sociedade e a cultura usada como elemento de apoio ou de crítica à ditadura militar. Apresenta a cultura como o caleidoscópio de um país, por si mesmo, contraditório, dinâmico e plural.

CADASTRE-SE

EM NOSSO SITE,
FIQUE POR DENTRO DAS NOVIDADES
E APROVEITE OS MELHORES DESCONTOS

LIVROS NAS ÁREAS DE:

História | Língua Portuguesa | Educação
Geografia | Comunicação | Relações Internacionais
Ciências Sociais | Formação de professor
Interesse geral | Romance histórico

ou
editoracontexto.com.br/newscontexto

Siga a Contexto
nas Redes Sociais:
@editoracontexto

GRÁFICA PAYM
Tel. [11] 4392-3344
paym@graficapaym.com.br